Martin Schmiedel

Sabine Ball

Begegnungen und Erinnerungen

BRUNNEN
Verlag Giessen · Basel

Martin Schmiedel, Jahrgang 1979, studierte Germanistik, Literaturwissenschaften, Neuere/Neueste Geschichte und Soziologie.
Er lebt und arbeitet in Dresden.

Über Sabine Ball im Brunnen Verlag erschienen:

Steffen Kern, Mehr als Millionen –
Sabine Ball: Millionärin, Hippie, Mutter Teresa von Dresden

Roland Werner, Mehr wert als Millionen –
Sabine Ball, das „Stoffwechsel“ und Gottes gefundene Kinder

FSC
Mix
Produktgruppe aus vorbildlich bewirtschafteten Wäldern und anderen kontrollierten Herkünften
Zert.-Nr. SGS-COC-1940
www.fsc.org

2. Auflage 2009

Redaktion: Petra Hahn-Lütjen
Umschlagfoto: Bundesministerium für Familie, Senioren, Frauen und Jugend; Fotograf: Peter Hönnemann
Umschlaggestaltung: Ralf Simon
Innenfotos: S. 23, 39, 47, 61, 63, 69, 83, 105: Privat;
S. 89: Ralf Junge; S. 7, 10, 15, 17, 27, 31, 53, 93, 115: Matthias Bilz;
S. 99: Classicstock.com, Fotograf: H. Armstrong Roberts
Satz: DTP Brunnen
Druck und Bindung: GGP Media GmbH, Pößneck
ISBN 978-3-7655-1730-3

Inhalt

Vorwort zur zweiten Auflage

Vier Wochen nach Abschluss unserer gemeinsamen Arbeiten an diesem Buch erreichte mich unerwartet die Nachricht von Sabine Balls Tod.

Bereits einige Monate zuvor hatte sie mich beunruhigt: Ihr Arzt sei mit dem Befund ihres Herzens alles andere als zufrieden, erzählte sie mir. Sabine Ball selbst verunsicherte der Gedanke, vielleicht schon bald zu gehen, keineswegs. Das spürte ich. Dennoch drängte sie mich, das „dritte Buch“ – wie wir das noch titellose Manuskript nannten – müsse bald fertiggestellt sein. Dann besserte sich ihr Zustand und sie setzte ihre neu gewonnene Kraft wieder vorbehaltlos für die Bedürfnisse anderer und die Botschaft der Liebe Gottes ein.

An einem Montag kehrte Sabine Ball von ihrer mehrtägigen Reise mit Interviews und Vorträgen zurück. Noch am Vortag verfasste sie in München einen Brief an die drei jugendlichen Straftäter, die kurz zuvor in der Stadt einen Mazedonier und einen Geschäftsmann lebensgefährlich verletzt hatten. Auch für jeden Tag der darauffolgenden Woche hatte sich die 83-Jährige in ihrem Kalender einen Termin vorgemerkt. Doch einen Tag nach ihrer Rückkehr verstarb sie in den frühen Morgenstunden des 7. Juli 2009 in ihrer Wohnung in der Dresdner Neustadt – dem Stadtteil, für den und in dem ihr Herz seit 16 Jahren geschlagen hatte – an einem Herzinfarkt.

Das Erscheinen ihrer aufgezeichneten Begegnungen und Erinnerungen konnte Sabine Ball leider nicht mehr miterleben. Ist sie zu früh gegangen? Mit Sicherheit hätte sie sich jeden weiteren Tag für Benachteiligte und in äußere oder innere Not geratene Menschen verwendet. Im Nachwort dieses

Buches bekennt sie: „Es ist mir ein Bedürfnis, die Gaben, die Gott mir anvertraut hat, nicht für mich zu behalten, sondern an andere Menschen weiterzugeben und ihnen zu dienen." Sie selbst kann das nun nicht mehr tun. Aber ihre konsequente Hingabe und der liebevolle Blick auf jeden Nächsten kann Beispiel und Vorbild sein.

Martin Schmiedel
Dresden im Herbst 2009

Vorwort

Wer Sabine Ball in der Dresdner Neustadt begegnet, könnte meinen, sie sei eine ganz normale, ziemlich alte Frau. Mit vorsichtigen Schritten erobert sie sich ihren Weg, auf einen Stock gestützt.

Aber sie passt so wenig hierher. Eigentlich prägen in diesem Stadtteil Studenten, Alternative und Anarchisten das Straßenbild. Kaum einer ist über fünfzig – geschweige denn über achtzig Jahre alt.

Sabine Ball bleibt bei einer Gruppe Punks stehen. Sie reden miteinander. Einem jungen Mann mit Irokesenschnitt klopft sie behutsam auf die Schulter. Sanft streichen ihre alten Hände über kalte Nieten. „Ich war selbst einmal ganz unten", sagt Sabine Ball über sich, „darum kann ich viele verstehen. Ja, ich liebe sie."

Was ist das für eine Frau?

Wer die Bilder aus Sabines Alben kennt – die deutsche Emigrantin im silbernen Badeanzug oder die glücklich lächelnde Ehefrau im Arm ihres millionenschweren Mannes – den wundert nicht, dass diese Frau auch mehr als ein halbes Jahrhundert später noch Noblesse ausstrahlt.

Ausnahmslos blau und weiß ist ihre Kleidung. Der Knopf, der ihren Blusenkragen hält, ist stets von einer roten Rosenblüte verdeckt. Die Stirn über den großen, wachen Augen begrenzt weißes Haar. Die Fältchen sind bei Sabine Ball Zier. Wer mit ihr spricht, merkt schnell: Diese Frau vereint Charakter, Charme und Chic.

Erst wenn sie aufsteht, spürt man ihrem Körper die Jahre ab. Sabine Ball macht selbst keinen Hehl daraus, dass dieser Weggefährte inzwischen mehr Beachtung braucht als noch vor Jahren. An Tagen, an denen er ihr besonders Mühe macht, wünscht sie sich manchmal fort. „Aber", fügt sie mit verschmitztem Lächeln hinzu, „das ist doch ziemlich selbstsüchtig, oder? Wenn ich nur in den Himmel will, damit es mir gut geht. Und überhaupt, ich will eigentlich noch ein bisschen hierbleiben. Es gibt noch so viel zu tun."

Wer mit Sabine Ball auf ihrem Kanapee sitzt, das ihr, wie alles Mobiliar des geschmackvoll eingerichteten Raumes, geschenkt wurde, mag sich wundern, wie oft an einem Nachmittag das Telefon klingelt.

Freunde fragen, wie es ihr geht, oder bitten um Rat. Wenn Sabine Ball ihre Augen schließt, ist sie ganz Ohr und mit dem Menschen am anderen Ende der Leitung ein Herz und eine Seele. Auch organisatorische Fragen werden da geklärt. Sie nimmt ihren Kalender zur Hand, in dem die Eintragungen dicht gedrängt verzeichnet sind. Auf der Suche nach einer freien Zeile sagt sie halblaut: „Mittwoch geht auch nicht, da muss ich in den Knast."

Was ist das für eine Frau?

Sie ist Gefangenenseelsorgerin, war Kriegsflüchtling und wird wegen ihrer aufopfernden Liebe zu den Straßenkindern Mutter Teresa von Dresden genannt. Sie ist die Gründerin des Stoffwechsel e. V., dessen über einhundert angestellte und ehrenamtliche Mitarbeiter sich heute für Jugendliche und deren Familien engagieren. Sie war Millionärin, Hippie-Mutter und ist immer wieder eine gefragte Ansprechpartnerin für Menschen in Not. In ungezählten Vorträgen hat sie ihre bewegte und bewegende Lebensgeschichte berichtet.

In *Erinnerungen und Begegnungen* erzählt Sabine Ball spannende und spektakuläre Begebenheiten aus ihrem Leben. Sie handeln von unverhoffter Heilung, gewaltigen Geld-

Sabine und Martin bei der Arbeit am Buch

geschenken und davon, wie Gottes Liebe Menschen verwandelt. Sie sind ein lebendiges Zeugnis, dass Gottvertrauen unsere Welt verändert.

Wer dieses Buch liest, wird Sabine Ball neu kennenlernen. Stellvertretend für den Leser durfte ich neben ihr auf dem Kanapee sitzen und ihren Erzählungen lauschen. Manchmal kamen ihr gleich mehrere Erlebnisse in den Sinn. Ein andermal schloss sie ihre Augen und durchlebte eine Begebenheit noch einmal ganz bewusst. Immer saß ich gespannt dabei und trieb meinen Stift eilig übers Papier, um nichts auszulassen.

Las ich ihr nach ein paar Tagen oder Wochen das Geschriebene vor, war sie resolut und gnadenlos wie selten. Das größte Kompliment machte mir Sabine Ball, wenn sie mit geschlossenen Augen lauschte, behutsam nickte und leise sagte: „Ja, genau so war es."

Dieses Buch ist die Einladung, sich neben Sabine Ball aufs Sofa zu setzen. Lesen Sie und Sabine Ball wird erzählen.

Martin Schmiedel
Dresden im Frühsommer 2009

Der Abwasch

Kalifornien, 1972

Im Ofen war noch Glut. Sie würde reichen, das Wasser in meinem alten Kessel zum Kochen zu bringen. Zahllose Dellen zierten seinen Bauch. Aber auch rußgeschwärzt tat er treu seinen Dienst und das war die Hauptsache.

Endlich kräuselte Dampf aus der Tülle. Ich nahm den Kessel, ging zur Spüle hinüber und goss das siedende Wasser zum kalten im Emaillebecken unter dem großen Fenster. Beim Spülen hatte ich hier eine wunderbare Sicht über hügeliges Land. Mein Blick glitt über das dunkle Grün der riesigen Zekuja-Bäume, während meine Hände im warmen Wasser Tassen und Teller wuschen.

Vor zwei Jahren hatte ich dieses Stück Land entdeckt und gekauft. Seither waren immer mehr junge Leute gekommen, die genug hatten von einem Leben, in dem Erfolg mehr Wert hatte als Menschen.

Ständig zogen neue Hippies zu uns, und mit der Zeit entstanden mehr und mehr Hütten auf dem Gelände, das wir schlicht The Land nannten. Unsere Kommune war nicht die einzige in Kalifornien, die in den 1970er-Jahren junge, intellektuelle Amerikaner anzog. Unweit gab es Table Mountain und Bo's Land. Bei uns schienen sich überwiegend Hippies mit einem ausgeprägten Sinn für Ästhetik zu sammeln. Beinahe jedes aus dem Holz alter Scheunen oder der umliegenden Wälder gebaute Haus war ein liebenswertes und stilvoll verziertes Unikat, kunstvoll und kreativ gestaltet.

Nach und nach merkte ich, dass mich das freie Leben auf dem Land nicht glücklich machte. Die Freiheit, zu tun und zu

Sabine 2008

lassen, was ich wollte, die Abende mit Musik am Lagerfeuer, die neuen Ideen und Philosophien, die ich in Büchern fand, sie alle machten das Leben bunt, ließen mich aber über den Sinn meines Seins im Unklaren. Sie gaben nicht Antwort auf die eine drängende Frage: Warum und wozu bin ich? Und so hatte ich beschlossen, meine Suche in Indien, dem Land der Gurus und Yogis, fortzusetzen.

Meine Hoffnungen wurden auch hier enttäuscht. Nach sechs Monaten kehrte ich ohne Antwort von dem Tuptin-Yeshis-Kloster in den Bergen über Katmandu zurück. Als ich die kleine Hütte bezog, die die Leute auf dem Land in der Zwischenzeit für mich gebaut hatten, war sie nach wenigen

Tagen wohnlicher und gastlicher eingerichtet als mein Leben selbst.

Als eines Tages Christen zu uns kamen und ihre Bibeln mit an unser Lagerfeuer brachten, zog ich mich zurück. Was sollte ich mit diesem alten Buch?

Das Wasser in dem Becken vor mir war inzwischen trüb und lau. Links davon stapelte sich ein kleiner Haufen sauberes Geschirr. Meine enttäuschte Rückkehr aus Indien lag etwa ein Jahr zurück.

Heute war ich froh. Ich war so froh, dass ich den Abwasch der ganzen Kommune hätte machen können. Vor drei Tagen hatte ich erstmals ernsthaft zu Gott gebetet und endlich gefunden, wonach ich so lange gesucht hatte! Jesus war Zentrum und Ziel meines Lebens geworden. Endlich hatte das Fragen ein Ende und mein Leben ein Fundament. Das Beste war, dass er mich von meiner Schuld befreit hatte. Meine Lüge, meinen Stolz, meine gottlose Angepasstheit hatte er mir vergeben. Sie drückten mich nicht mehr. Sie waren abgewaschen.

In meiner Freude griff ich nach dem alten Beulenkessel. Er sollte das gleiche Glück erleben, dachte ich und begann zu schrubben. Tatsächlich zeigte sich schon bald glänzendes Metall unter der schwarzen Patina. Es war eine Wonne, ihn vom Dreck der Jahre zu befreien.

Auch mich veränderte Gott, das merkte ich. Aber er gab sich nicht damit zufrieden, Altes abzuwaschen. Er wollte auch Neues schaffen und die Beulen, die mein Leben bekommen hatte, glätten. Bei aller Freude machte mir dieser Gedanke auch ein wenig Angst: Wie viel Veränderung würde das neue Leben mit sich bringen? War mir nicht manche Delle und Gewohnheit sogar ganz sympathisch und viel zu vertraut, um sie aufzugeben? Immer wieder hatte sich diese Frage in den letzten Tagen eingeschlichen und mich grübeln lassen.

Als ich jetzt am Becken stand, kam unvermittelt ein Gedanke in meinen Kopf, der meinem Denken eine neue Richtung gab. „Ich selbst bin ein neuer Mensch. Was aber ist mit den Menschen, die Gott nicht kennen?“ Die Antwort kam mir schneller in den Sinn, als mir lieb war. Ich müsste ihnen von Gott erzählen, dachte ich. Sie mit ihm bekannt machen. Von dem sagen, was ich selbst erfahren hatte.

Ich soll anderen Menschen erzählen, was ich erlebt habe? Ich soll von mir berichten, von meinen Unzulänglichkeiten und Verfehlungen, damit andere Jesus kennenlernen? Nein, das wollte ich nicht. Gott hatte sicherlich ganz andere Wege, sich Menschen vorzustellen. Es konnte doch nicht so viel davon abhängen, dass ich anderen Zutritt zu meinem Innersten gewährte. Was ich mit Gott erlebt hatte, machte mich so froh, dass ich ihm hätte tausend Blumensträuße binden können. Aber außer mir ging das keinen etwas an!

„Außerdem kann ich nicht reden“, fand ich ein weiteres Argument gegen jenen Gedanken, von dem ich ahnte, dass er Gottes Auftrag war.

Der alte Kessel war inzwischen blank und doch noch immer beulig. So wie ich. Rein und doch von Erfahrungen geprägt. Der Gedanke, anderen von dem zu erzählen, was ich erlebt hatte, ließ mich auch dann nicht los, als Teller und Tassen längst trocken im Regal standen. Immer wieder fragte ich mich, wer den Menschen von Gott erzählen könnte.

Zehn Tage später gab ich vor zweihundert Leuten die Antwort. Die Scheinwerfer in der Stadthalle des nahe gelegenen Fort Bragg blendeten, sodass ich kein Gesicht erkennen konnte. Auf einem der vielen Stühle musste auch Pastor Jim Dirken sitzen, der mich hierher eingeladen hatte.

Ich zitterte ein wenig, schloss die Augen und begann zu reden.

Ich erzählte von meinem gescheiterten Traum, der zerbrochenen Ehe, meiner Suche nach Halt und Sinn. Ich berichtete, wie Gott mir begegnet war und wie viel Kraft es gekostet hatte, meinen Stolz zu überwinden.

Als ich geendet hatte, war mir, als nähme jemand einen Mehlsack von meinen Schultern. Etwas Derartiges würde Gott sicher nie wieder von mir verlangen, dachte ich. Doch es kam anders.

Mittlerweile habe ich meine Geschichte tausendfach vor Gruppen, Schulklassen und auf Konferenzen erzählt, und ich habe erfahren: Ich kann von eigenen Schwächen und Gottes Taten berichten, ohne mir Beulen zu holen.

Wie Oma

Dresden, 2008

Freitagabend, 21 Uhr. Woche für Woche ziehen um diese Zeit unzählige Leute durch die Neustadt, dem Dresdner Stadtteil, wo auch unser Verein Stoffwechsel in zwei Gebäuden zu Hause ist. Sie kommen aus ganz Dresden, umliegenden Städten oder noch weiter her, um zu feiern, zu tanzen und zu trinken und um zu vergessen, was ihren Kopf für gewöhnlich bestimmt. Wenn ich mit ihnen rede, staune ich, hinter den bizarren Outfits bürgerliche Biografien zu entdecken. Abiturienten, Lehrlinge und Studenten verwandeln sich freitagabends. Zum Feiern ziehen sie robuste Schuhe an, werfen sich einen schwarzen Mantel über, tragen schwarzen Lidschatten auf und hängen sich drei Ringe mehr ins Ohr. Die Party kann beginnen.

Auch ich gehe freitags aus – ohne besondere Accessoires. Um mit den Leuten zu reden, brauche ich lediglich einen Stock als Stütze für meinen alten Rücken.

Wieder einmal war es Freitag. Ich hatte keine rechte Lust, nach draußen zu gehen. In den letzten Tagen war es spürbar kühler geworden und der dumpfe Klang meines Hustens motivierte mich nicht. Es würde ein kalter Abend werden.

Endlich entschloss ich mich und nahm meine Jacke vom Haken. Die Liebe Gottes unter die Menschen zu bringen sollte mir wichtiger sein als die Behaglichkeit meiner warmen Stube. Ich öffnete die Haustür. Laut drang Musik aus einem weit geöffneten Fenster auf der anderen Straßenseite. Die heisere Stimme des Sängers wetteiferte mit stampfenden Rhythmen und den Schreien von E-Gitarren. Wie ein giftiger

Sabine vor der Scheune

Nebel ergossen sich die beißenden Töne auf die Straße. Vom Text war nichts zu verstehen. Nur ein englisches Wort war deutlich und wurde vielfach wiederholt. „Lies. Lies", grölte die heisere Stimme des Sängers. „Lügen. Lügen", hallte seine Anklage durch die Stadt.

Langsam ging ich die Martin-Luther-Straße entlang und bog links ein in die Louisenstraße. Ein Pulk junger Leute kam mir entgegen, drei grölende Kumpanen überholten mich. Es waren eine Menge junge Frauen und Männer unterwegs. Die meisten hielten eine Flasche in der Hand, aus der sie dann und wann einen Schluck nahmen. Manche liefen allein. Andere standen in Gruppen zusammen und lachten ausgelassen. Langsam ging ich die Straße entlang und betete für sie.

An Straßenkreuzungen und vor den Eingängen der Klubs verteilten junge Leute Einladungen. Mir boten sie keine an. Erst auf meine Bitte hin gab mir eine aufwendig geschminkte junge Frau einen Zettel. In der Groovestation war Lady's Night angesagt. Frauen hatten kostenlos Zutritt, damit mehr Männer kamen.

Vor einem anderen Lokal stand eine Traube Menschen. Bei ihnen ging es hoch her. Als ich eben vorüberging, flogen die ersten Fäuste. Ich wurde kurz angerempelt, sonst passierte mir nichts. In solchen Momenten spüre ich, dass Gott mich schützt. Es ist, als ob die Liebe, die ich durch ihn für die Menschen empfinde, einen Panzer um mich legt und Gefahren abhält. Selbst wenn mich Punks bewusst provozieren oder anpöbeln, was ich „alte Frau" hier verloren hätte, oder mich in zynischer Herablassung belächeln, kann ich gelassen bleiben. Das ist Gottes Kraft.

Es waren noch wenige Meter, bis ich mein Ziel, die Scheune, erreichen würde. Die Scheune ist vermutlich das Lokal, wo sich die meisten Leute in der Neustadt treffen. Viele interessieren sich nur bedingt für das, was im Inneren der Kulturkneipe veranstaltet wird. Sie stehen auf dem Platz davor und trinken aus mitgebrachten Flaschen Bier, Wein und anderes.

Bei der Kneipe angekommen, sah ich mich um, ob ich in der Menge ein bekanntes Gesicht entdecken konnte. Ein junger Punker, den ich hier zuvor noch nicht gesehen hatte, torkelte auf mich zu.

Über den Ohren war sein Schädel kahl rasiert. Vom Nacken bis zur Stirn zierte ein breites Lockenband seinen Kopf. Rot schloss an Blau an, neben grünen Locken leuchteten gelbe. Die Hose des Jungen, den ich auf fünfzehn Jahre schätzte, war zerrissen. Die roten Schnürsenkel in den schwarzen Lederstiefeln hingen lose herunter, seine Jeansjacke war mit zahllosen kleinen Ansteckern gespickt. In seiner rechten Hand hielt der Junge eine Flasche. Es war mit Sicherheit nicht seine erste an diesem Abend. Während seine Füße auf dem Gehweg

Sabine auf der Alaunstraße

mühsam nach festem Boden suchten, sprudelten aus seinem Mund überdehnte Vokale: „Du siehst aus wie meine Oma. Ich hatte meine Oma so lieb."

Dicht neben uns wurde es laut. Etwa fünfzig Punks standen eng gedrängt beieinander. Sie beschimpften sich gegenseitig, einer schlug zu, der Getroffene wollte sich wehren. Es kam Bewegung in die Menge. Kurz darauf war die Aufregung so schnell verflogen, wie sie gekommen war, und die Leute standen friedlich beieinander und prosteten sich zu.

Der Junge sagte mir, dass er Hermann heiße. Weil er Mühe hatte, aufrecht zu stehen, setzten wir uns auf eine kleine Mauer. Ich brauchte kaum fragen, Hermann erzählte ganz von allein.

Seine Mutter sei Alkoholikerin, sein Bruder ein Nazischwein. Er selbst nur zum Feiern nach Dresden gekommen. Er wolle bei einem Freund schlafen und morgen nach München zurück. Seine Oma sei seit zwei Jahren tot. Sie habe oft gebetet, sagte er. Sie sei besonders gläubig gewesen. Er selbst sei auch fromm. „Ich bin gläubig. Ich bin sehr gläubig", versicherte er immer wieder. Als er die Hand mit der Flasche hob, um das Gesagte zu unterstreichen, verlor er das Gleichgewicht, rutschte von der Mauer und lag rücklings auf dem Fußweg. Die Umstehenden johlten.

Hermann mühte sich, die Kontrolle über seine widerspenstigen Gliedmaßen zurückzugewinnen. Als er wieder neben mir saß, sah ich seine schönen Augen und das jungenhafte Gesicht an. Es passte so wenig zu seiner Kleidung und Frisur. Es war nicht schwer, ihn gern zu haben.

Nachdem wir eine Weile über dies und das geredet hatten, fragte ich ihn, ob ich für ihn beten dürfte. „Ja", sagte er gedehnt. Ich nahm ihn in den Arm.

„Gütiger Gott", begann ich, „ich danke dir, dass ich heute Hermann aus München getroffen habe. Er ist ein so wertvoller Mensch. Danke, dass du ihn liebst und er durch seine Oma schon von dir erfahren hat. Ich bitte dich für Hermann. Zeige ihm in seinem Leben den Weg, der gut für ihn ist. Segne ihn, Herr, und gib bitte, dass er dich richtig kennenlernt und dir eines Tages nachfolgt. Amen." Dann redete Hermann mit Gott, wie er zuvor auch mit mir geredet hatte. Seine Worte wurden immer klarer, je länger er sprach. Er dankte Gott dafür, einen Menschen getroffen zu haben, der ihn verstand und akzeptierte, und bat um Gottes Segen.

Tränen ließen Hermanns Augen glänzen. Sie schienen heller und klarer als zuvor. Wir umarmten uns – eine 82-jährige Oma und ein 15-jähriger Junge, umringt von hundert grölenden Punks.

Treff in der Oase

Dresden, 2007

Es schmeckte ausgezeichnet. Betty hatte die Kekse selbst gemacht. Mehr noch als das leckere Gebäck genoss ich die angeregte Unterhaltung. Seit zwei Stunden saßen wir in Bettys kleiner, gemütlich eingerichteten Küche und redeten. Als ich eben überlegte, ob es nicht bald an der Zeit wäre zu gehen, fragte Betty: „Kennst du eigentlich die Leute von der Freifläche?“ Ich wusste nicht, wen sie meinte. Da begann sie schon zu erzählen.

„An der Kamenzer Straße, wenige Hundert Meter vom Stoffwechsel entfernt, gibt es eine Brache. Das Haus, das ursprünglich dort stand, wurde wahrscheinlich im Krieg zerstört und in der DDR nicht wiederaufgebaut. Jetzt ist dort ein freier Platz. Ringsum stehen sechsgeschossige Mietshäuser, in denen Studenten, Künstler oder auch Bürgerliche wohnen. Dazwischen liegt die Brache, die eigentlich keine ist. Wohnwagen und kleine Hütten stehen dort. Die Leute, die illegal hier leben oder aus ihren Wohnungen kommen, um mit anderen zu klönen, haben die zweieinhalbtausend Quadratmeter Schutt und Erde kreativ gestaltet und nennen sie ‚Oase‘. Sie haben selbst Bänke gezimmert, Blumen, Bäume, ja sogar Gemüse gepflanzt. Abends sitzen sie ums Lagerfeuer und reden über Gott und die Welt. Viele schimpfen auf den Staat, der an allem Schuld hat, was stört.“ Betty erzählte begeistert und mein Interesse war schnell geweckt. Was sie beschrieb, erinnerte mich an die Hippies, mit denen ich in den Sechzigerjahren in Kalifornien auf dem „Land“ gelebt hatte. Auch sie ignorierten unbekümmert gesellschaftliche Konventionen und lebten nach ihren eigenen Maßstäben.

In den letzten Monaten war ich wieder mehr auf der Straße unterwegs gewesen. Regelmäßig machte ich mich abends zum Gebetsspaziergang im Stadtteil auf. Manchmal ging ich still meine Runde und bat Gott um seinen Segen für die Menschen. Manchmal sprachen mich die Punks auf der Straße an und es entstand ein Gespräch. Aber von der Brache oder Oase hatte ich bisher nichts mitbekommen.

Am Freitag nach dem Kaffeetrinken mit Betty machte ich mich auf den Weg zur Oase. Es war schon dunkel. Ich hatte das Gefühl, schon bald an die von Betty beschriebene Stelle zu gelangen, da kam mir auf dem Bürgersteig ein Punker entgegen. In der einen Hand hielt er seine Bierflasche, in der anderen eine Zigarette. Als wir auf gleicher Höhe waren, sprach er mich an. Ich hatte Silvio nicht erkannt. Er war einer jener Punks, die sich am Wochenende vor dem Kulturtreff Scheune einfanden, um gemeinsam zu trinken, sich zu beschimpfen, zu prügeln und im nächsten Moment wieder friedlich miteinander zu reden. Ich kannte Silvio von meinen Besuchen bei der Scheune. Aber auf der schwach beleuchteten Straße hatte ich ihn nicht erkannt. Silvio begleitete mich die letzten Meter. Bei der Brache angekommen, half er mir durch die Lücke im Bauzaun und ging seiner Wege.

Auf dem Platz erkannte ich in der Dunkelheit einen Wohnwagen und zwei provisorische, selbst gebaute Zelte. Beide wurden von Kerzen erhellt. Um ein Feuer saßen Leute auf alten Sesseln und Stühlen. Bald entdeckte ich auch hier einige bekannte Gesichter. Ich bekam einen bequemen Stuhl angeboten und setzte mich.

Ganz unterschiedliche Menschen hatten an diesem Abend den Weg zur Oase gefunden. Arbeitslose klagten über Geldnot. Studenten diskutierten Gesellschaftsformen. Dann war es minutenlang still und außer dem gelegentlichen Knacken des brennenden Holzes war nur hier und da das Glucksen einer angesetzten Bierflasche zu hören.

Ein großer, ruhiger Mann brühte Regenwasser über dem Feuer, goss dann Tee auf und gab auch mir eine Tasse. Ein Jurist stieß zu unserer Runde und war überrascht, mich hier zu sehen. Er habe viel über mich gelesen, sagte er.

Es war eine resignierte und zugleich eigentümlich aufgeregte Stimmung auf der Brache. Obwohl viel über den Staat gestritten und auf ihn geschimpft wurde, wollten die Leute letztlich nur eines: in Frieden miteinander leben. Darüber diskutierten sie und stritten und kannten den Fürst des Friedens, Jesus, noch nicht.

Schnell verging die Zeit und trotz des offenen Feuers vor meinen Füßen wurde es bald kühl. Mit dem festen Vorsatz, zurückzukommen, um von Jesus zu erzählen, ging ich kurz vor Mitternacht nach Hause.

Das Wiederkommen war schwieriger, als ich gedacht hatte. Wenige Tage nach meinem Besuch auf der Oase rollten unter Polizeischutz Bagger aufs Gelände. Nach dem Willen der Stadtverwaltung sollte dort statt des bunten Treibens ein Einkaufsmarkt mit Tiefgarage seinen Platz haben. Viele der Leute, die regelmäßig zur Oase kamen, protestierten. Sie demonstrierten und empörten sich. Einer kettete sich an den Bagger, der bereitstand, die leichten Bauten und die jungen Pflanzen auf dem Gelände zu zerstören.

Bereits wenige Tage, nachdem die Fläche geräumt und planiert worden war, hatten die Leute von der Oase den von der Polizei errichteten Bauzaun überwunden. Sie pflanzten andere Bäume und zimmerten neue Bänke. Auf den Boden aneinandergelegte Steine trennten Wege von Flächen, auf denen bald frisches Gras sprießen sollte.

Als ich die Oase zum zweiten Mal besuchte, hing von einem

Im Gespräch mit den Leuten von der Brache

benachbarten Haus ein Transparent herab. „Wir kämpfen weiter", stand in großen silbernen Buchstaben auf schwarzem Grund geschrieben. Die Leute, die ums Lagerfeuer saßen, waren dieselben. Ich konnte ihnen erzählen, wie Gottes Liebe mein Leben verändert und mein Denken und Fühlen geprägt hatte.

Als ich endlich gehen wollte, bot mir ein dunkelhaariger Mann an, mich nach Hause zu begleiten. Er hatte die meiste Zeit schweigend dabeigesessen. Auf dem Heimweg kamen wir ins Gespräch und waren schnell per du. Eric erzählte mir, was ihn gerade umtrieb.

Vier Jahre war er mit Susanne zusammen gewesen. Die Rechtsanwältin mit den tiefschwarzen Haaren war ihm auf der Einzugsfete eines Freundes aufgefallen. Beide hatten schnell zueinander gefunden und lebten bald in einer gemeinsamen Wohnung. Sie liebten sich. Manchmal stritten sie. Sie waren glücklich. Später stritten sie mehr und liebten weniger. Eric wünschte sich das alte Glück zurück und wusste nicht wie. Der Bruch kam für ihn plötzlich und unerwartet. Auf einen Zettel notierte Susanne ihm: „Mir gibt jetzt ein anderer, wonach ich mich sehne."

All das lag mehr als vier Monate zurück. Dennoch hatte Eric Mühe, diese Worte noch einmal zu wiederholen. Wir waren beim Stoffwechsel angekommen und ich lud ihn ein, hinauf in meine Wohnung zu kommen. Als wir uns am Tisch gegenübersaßen, erzählte er weiter.

„Es kam so unerwartet", sagte er. „Die Tage danach war ich wie in Winterstarre. Ich hatte zu nichts Lust und konnte nicht mehr lachen. Ich begann zu trinken, aber es half nichts. An einem Abend war das Gefühl, verwundet, betrogen und hintergangen worden zu sein so drückend, dass ich Susanne in einer SMS schrieb, ich werde ihr neues Glück im Feuer vernichten." Eric hielt inne und sah mich an. Als ich nichts sagte, fuhr er fort. „Ihre Kanzlei droht jetzt, wegen Nötigung Anzeige zu erstatten – zweitausend Euro Strafe oder Gefängnis."

Die Ellenbogen auf den Tisch gestützt saß Eric vor mir. Er sah mich nicht an. Ich hatte selbst nie erlebt, was er mir beschrieb, und erahnte nur den Schmerz, der sein Herz zu drücken schien wie ein zu eng geschnallter Gürtel. Wie konnte ich diesem Mann helfen? Was sollte ich ihm sagen?

„Eric", begann ich leise. „Wenn du die Drohung gegen Susanne nicht zurücknimmst, fällst du in ein noch tieferes Loch." Eric hob den Kopf und sah mich an. „Diese SMS zu schreiben, war ein Fehler", fuhr ich ruhig fort. „Du musst dir selbst und Susanne eingestehen, dass nicht in Ordnung war, was du geschrieben hast. Du musst dich bei ihr entschuldigen."

Ich weiß nicht, was sich Eric von unserem Gespräch erhofft hatte, ob er überhaupt eine Erwartung hatte. In seinen Augen las ich, dass er zumindest mit dieser Antwort nicht gerechnet hatte. Ich sah, wie wenig ihm mein Vorschlag behagte. Nach dem, was Susanne ihm angetan hatte, sollte jetzt er sich bei ihr entschuldigen?! Das kränkte seinen Stolz. Sich entschuldigen hieße, einen Fehler einzugestehen. Dabei lag das Problem klar auf Susannes Seite. Sie drohte doch ihm.

„Nein“, sagte Eric. „Das will ich nicht! Ich will mich nicht entschuldigen.“

Mir kam in den Sinn, wie schwer es mir gefallen war, als Gott von mir eine Entschuldigung bei Cliff, meinem ehemaligen Mann, forderte. Und ich musste daran denken, wie befreiend es gewesen war, meinen Stolz zu überwinden und Gott zu folgen. Damals hatte ich mir vorgenommen, Menschen, die in derselben Falle sitzen, von Gott zu erzählen.

„Gib mir deine Hand“, sagte ich zu Eric. „Wir beten jetzt.“ Meine Hand ruhte auf seiner, als ich Gott bat, Eric zu helfen, seinen Stolz zu überwinden und seine eigenen Fehler vor ihm und Susanne zu bekennen. Als ich betete, Gott möge ihn mit wahrer Freiheit von Schuld beschenken, rannen Eric Tränen übers Gesicht. Der große Mann auf der anderen Seite des Tisches legte seinen Kopf auf die Platte und schluchzte leise.

An diesem Abend verließ mich Eric mit dem festen Vorsatz, seinen Teil der Schuld auf sich zu nehmen. Ob er es tat? Ich weiß es nicht.

Ödes Land

Dresden, 2007

Ich ging ab und zu zur Brache. Mit den Menschen dort zu reden, tat gut. Nicht dass sie liebenswerter gewesen wären als andere Leute in Dresden. Aber wer zur Brache kam, hatte meist Zeit. Zeit zuzuhören, Zeit zu diskutieren oder zu streiten. Es ging das Gerücht um, das Gelände würde bald zum zweiten Mal geräumt und mit dem Bau des Einkaufszentrums begonnen. Die Aufregung war groß.

An einem Sonntagnachmittag war ich wieder einmal dort. Die Septemberluft war kühl, aber die Sonne hatte noch etwas von ihrer Sommerstärke. Es ging beschaulich und friedlich zu auf der Brache. Ich setzte mich auf einen alten Stuhl und genoss das wärmende Licht.

Unweit von mir beschäftigte sich ein Vater mit seinen Söhnen. Begeistert buddelten die beiden Jungen mit Kinderspaten in der Erde. Hatten sie einen Stein herausgelöst, freuten sie sich über ihren Fund wie glückliche Schatzsucher und brachten den geborgenen Brocken ihrem Vater. Der wusch den Stein in einem Trog voll schlammigem Wasser und baute mit Mörtel einen Turm daraus. Die Drei redeten nicht viel. Sie waren zufrieden mit dem, was sie taten. Die Gesichter der Jungen spiegelten den Stolz, gemeinsam mit ihrem Vater ein beachtliches Bauwerk zu errichten.

Das kleine Glück neben der Giebelwand des Nachbarhauses vor Augen, gingen meinen Gedanken auf Wanderschaft.

Was braucht ein Mensch, um glücklich zu sein? Wonach sucht er? Menschen reden miteinander. Sie arbeiten gemeinsam. Sie suchen Gemeinschaft. Selbst die Schönheit einer

Sabines Herz schlägt für Dresden und die Menschen dieser Stadt

vom ersten Schnee bepuderten, unberührten Landschaft gewinnt an Glanz, wenn man diesen Anblick mit anderen teilen kann.

Wenn Menschen miteinander sprechen, wünschen sie sich, verstanden zu werden. Doch schon im nächsten Moment suchen sie Abstand, denn meist funktioniert Nähe nur als Ergänzung zur Distanz. Nähe ist wie eine zarte Blüte an einem langen, dornigen Stiel. Wer verletzt wurde, hält andere oftmals von sich fern und verbirgt die Wunde in seinem Inneren. Keiner soll davon wissen und er selbst will dem Schmerz nicht wieder begegnen. Nicht selten helfen Drogen und Alkohol, ihn für einen Moment zu vergessen. Doch nicht Betäubung, Heilung heißt das Ziel. Denn dass die Zeit alle Wunden heile, ist sprichwörtliche Dummheit.

Wer viele Wunden hat, grenzt sich ab und geht auf Distanz. „Wir steigen aus“, sagen die Punks. Mit Irokesenschnitt und Nietenjacke schaffen sie einen Abstand. Sie kehren der bürgerlichen Gesellschaft den mit Aufnähern und Anarchiezeichen übersäten Rücken, ohne zu wissen, wohin sie gehen sollen. Sie leben in Abrisshäusern, betteln, frieren und negieren die Gesellschaft um sie her. Sie wollen etwas verändern, wissen aber nicht genau, was. Dass sie eigentlich gegen innere Wunden kämpfen, bleibt verborgen.

Es wird so oft und so viel von Liebe gesprochen, dass man meinen könnte, sie sei wichtiger als Himmel und Erde zusammen. Doch selbst an die Liebe zu glauben ist schwer. Wer wirkliche Liebe erleben will, muss sich öffnen, seine Stacheln und Nieten ablegen. Je mehr ein Mensch aber von seiner Seele zeigt, umso schmerzhafter ist jede neue Enttäuschung.

Dieses Dilemma vor Augen fragte ich Gott, was ich tun könnte, damit Menschen dort herausfinden. Seine Antwort war verblüffend einfach. Ich bin gerecht und will von alten Narben befreien, hörte ich ihn in meinem Herzen zu mir sagen. In diesem Moment verstand ich neu: Wahrheit und Liebe sind bei Gott kein Widerspruch, sondern das Doppelgespann vor dem Pflug, der ein Feld fruchtbar macht.

Als Jesus auf der Erde lebte, begegnete er Menschen, die in Not waren. Er half und heilte. Er sprach aber auch unbequeme Themen an. Er konfrontierte die Menschen mit ihren Problemen – zu ihren Gunsten. Er liebte sie, ohne ihre Fehler gutzuheißen.

Die Sonne stand schon tief. Sie lugte durch die Lücke zwischen einem verfallenen und einem frisch verputzten Haus. Bald würde sie hinter den Mauern verschwinden. Die Jungen und ihr Vater waren schon gegangen. Sie hatten ihren Turm unvollendet gelassen. Es war Zeit zu gehen. Zeit aufzubrechen.

Bushido braucht Jesus

Nürnberg, 2005

Es hatte noch nicht geklingelt, als ich den Raum betrat. Zu dritt und zu viert standen die Schüler zusammen oder saßen in der Bank. Sie unterhielten sich lautstark und lachten. Andere saßen allein, während ihre Daumen aufgeregt über die Tasten ihres Handys huschten.

Der Raum war hell. „12. September, Sabine Ball, Herzlich willkommen" stand akkurat mit weißer Kreide an die Tafel geschrieben. Gemeinsam mit der Religionslehrerin Frau Reims ging ich nach vorn zum Lehrertisch.

Es klingelte. Gemütlich schlenderten die letzten Schüler zu ihren Plätzen. Ein großer blonder Junge, der seinen Platz in der letzten Reihe hatte, tat es betont langsam. Frau Reims stellte mich vor und überließ mir das Wort.

Ich wandte mich an die Klasse. „Welche Träume habt ihr?", fragte ich. „Was wollt ihr machen, wenn die letzte Abiturprüfung geschafft ist?"

„Ich geh in die USA und lerne erst mal richtig Englisch. Das kann man immer gut gebrauchen", meinte ein Junge in der ersten Reihe.

„Ich will nach Neuseeland. Dort suche ich mir einen Job, und wenn ich genug Geld hab, reise ich weiter. Work and Travel halt." Das Mädchen in der zweiten Reihe hatte feuerrote Strähnen in ihren braunen Haaren und zwei Piercings in der Nase.

Ein Junge im Hemdkragen meldete sich. „Weil meine großen Brüder beim Bund waren, muss ich nicht hin. Ich fange gleich an zu studieren. Dann bekomme ich einen guten

Job und verdiene bald ordentlich Geld." Der Junge schien in der Klasse nicht sonderlich beliebt zu sein. Es rief zwar keiner „Streber", aber einige Blicke verrieten, dass sie es dachten.

„Und ich gewinne im Lotto und flieg mit dem Geld nach Malaysia", warf der Blonde aus der letzten Reihe ein.

Nach den Schülern war ich an der Reihe und ich erzählte von den Träumen und Ideen, die im Jahr 1945 in meinem Kopf waren.

„Durch den Krieg hatte ich alles verloren. Besitz und Heimat waren in Ostpreußen zerstört, und ich konnte mich in meinen jungen Jahren glücklich schätzen, im Schwabenland ein kleines Zimmer gefunden zu haben. Deutschland lag in Schutt und Asche. Das waren nicht gerade die besten Voraussetzungen, um meinen Traum von Wohlstand und etwas Luxus zu verwirklichen. Ich hatte genug von Armut und Zerstörung.

Da kam mir die Einladung meiner Tante aus Amerika gerade recht. Schon in Deutschland waren einige Männer auf mich aufmerksam geworden, weil ich als junges Mädchen recht hübsch war. In Amerika würde das bestimmt nicht anders sein, sagte ich mir und hoffte, dort einen reichen Mann zu finden. Wenn er mir gefiel, würde ich mich nicht nur einladen lassen, sondern ihn auch heiraten. Dann könnte ich mir endlich alle meine Wünsche erfüllen, dachte ich."

Während ich von meiner Reise nach Amerika erzählte, vom langsamen und schwierigen Aufstieg und endlich dem Leben als Millionärsgattin, hörten die Schüler interessiert zu. Am Anfang hatten sie wahrscheinlich nur Respekt vor meinem Alter. Doch jetzt sah ich zunehmend echtes Interesse in ihren Gesichtern.

Wenige Tage vor meinem Besuch in dieser Klasse war mir im Stoffwechsel eine CD von einem unserer Kids in die Hände

Sabine Ball im Gespräch mit jungen Menschen

gekommen. Als ich sie eingelegt hatte, saß ich gebannt vor meiner kleinen Hi-Fi-Anlage. Ich verstand längst nicht alles. Aber was ich hörte, schmerzte meine Seele. Ich hatte nicht geahnt, dass so viel Dreck auf einer solchen glatten Scheibe Platz hatte.

Von Gang-bang, der Vergewaltigung eines Mädchens durch mehrere Jungs, war die Rede, von zerstörtem Selbstwert, von einer Vierzehnjährigen, die, vom Stiefvater geschwängert, im Keller ihr Kind gebiert, von Leere, Wert- und Sinnlosigkeit und davon, wie man diese Gefühle mit Luxus, Selbstüberschätzung, Demütigung anderer und von Liebe und Vertrauen entkoppeltem Sex betäuben könne. Welche schmerzlichen Erfahrungen hatten dem Musiker diese Texte in die Feder diktiert? Warum zeigte ihm niemand einen guten Weg? Bushido braucht Jesus, dachte ich. „Deine Frau geht fremd. Du bist ein Hund, wenn du verzeihst", singt er. Warum erzählt ihm keiner von Vergebung?

Als ich eben vor den Schülern von Frau Reims davon sprach, dass ich das Ziel meiner und ihrer Träume – Reichtum und Ansehen – erlangt, mich davon aber enttäuscht abgewandt hatte, kam mir Bushido wieder in den Sinn. Der Gedanke, dass sich auch die Schüler dieser Klasse von einem Demagogen wie ihm leiten ließen und sich die lebensfeindlichen Lügen mit jeder Umdrehung seiner Scheiben tiefer in ihr Bewusstsein schnitten, erschreckte mich.

„Glaubt nicht den Lügen, die euch in bunten Lifestyle-Zeitschriften aufgetischt werden", fuhr ich fort. „Überlegt, was ihr lest und hört. Wenn ihr euch zum Beispiel an das haltet, was Bushido singt, werdet ihr nie glücklich sein."

„Weißt du was!", empört unterbrach mich das Mädchen mit den roten Strähnen, „ich bin Fan von Bushido. Wenn ich den nicht hätte, würde ich gar nicht mehr leben!" Sie lehnte sich zurück und sah mich herausfordernd an.

Der trotzige Blick des Mädchens war wenig gewinnend. Es gab freundlichere Gesichter in der Klasse. Dennoch empfand ich in diesem Moment tiefe Zuneigung zu ihr. Ich wusste, dass es Gottes Liebe war. Er liebte dieses Mädchen und er half mir, sie mit seinen Augen zu sehen.

Gott gab mir den Gedanken, dass aus Bushidos Liedern vor allem eines spricht: Sehnsucht nach echter und dauerhafter Liebe. Diese Sehnsucht ist gut – nur die Art, wie Bushido sie vergeblich zu befriedigen sucht, führt in die Irre.

„Du gefällst mir", sagte ich zu dem Mädchen. „Ich glaube, wir haben etwas gemeinsam. Du willst nicht sein wie alle anderen."

Sie nickte zaghaft.

„Du schwimmst gegen den Strom. Das mache ich auch."

Sie sah mich ernst an.

„Du kämpfst mit Rebellion und Aggression", fuhr ich fort. „Ich kämpfe mit Liebe, Friede und Gerechtigkeit. Im Stoffwechsel brauchen wir Leute wie dich. Menschen, die sich nicht einfach zufriedengeben mit den Dingen, wie sie sind. Menschen, die aufstehen und kämpfen. Komm mich im Stoffwechsel besuchen. Wir brauchen dich."

Ich weiß nicht mehr, was wir in dieser Stunde Religionsunterricht alles diskutiert haben. Recht genau erinnere ich mich aber an den Tag, als das Mädchen mit den roten Strähnen vor meiner Tür stand.

Wir haben lange geredet, und es hat Menschen gefunden, die es Jesu Liebe haben spüren lassen. Seither singt sie Lieder für Gott statt von Bushido.

Maria

Dresden, 2005

Maria besuchte ein Stuttgarter Gymnasium. Noch vor ihrer ersten Prüfung rief sie im Stoffwechsel an. Sie wolle mit Kindern arbeiten, die aus ärmlichen Verhältnissen kommen und zu Hause kein Zuhause haben, sagte sie.

Drei Monate nach dem Vorstellungsgespräch kam Maria mit bestandenem Abi und ihren Sachen in der Tasche zu uns in die Dresdner Neustadt. Ihre freundliche und offene Art ließ sie im Team schnell Anschluss finden. Liebevoll kümmerte sie sich um die Kinder, die zum Kidstreff oder zur Hausaufgabenhilfe ins Stoffwechsel kamen.

Einmal im Monat veranstalteten wir unseren Teamtag. Am Morgen schalteten wir den Anrufbeantworter ein und nahmen uns fünf Stunden Zeit, miteinander zu reden und zu beten. Wir sprachen über unsere Arbeit und persönliche Dinge. Maria war zum ersten Mal bei einem Teamtag dabei. In dieser Runde kam sie mir schweigsamer vor, als es zu ihrem selbstbewussten Wesen zu passen schien.

Ich wollte wissen, was sie bedrückte, und ging zu ihr. Wir redeten über die Arbeit im Stoffwechsel und Maria erzählte begeistert von Anton, einem kleinen dunkelhaarigen Jungen, der ein wenig schielte und es während der Andachten ausgezeichnet verstand, die Aufmerksamkeit auf sich zu ziehen. Maria machte die Arbeit Spaß und sie hatte im Team bereits Freunde gefunden.

„Maria“, sagte ich zu ihr, als sie innehielt, „bist du traurig?“

Maria sah mich verdutzt an. „Traurig? Mir geht es gut.“

Sie zögerte. „Weißt du – ich habe eine Einladung bekommen. Mein Großonkel hat alle jungen Leute aus der Großfamilie eingeladen. Seine Nichten und Neffen, alle Cousinen, Cousins und Großcousins werden kommen. Er bezahlt allen die Fahrt, damit wir ein Wochenende zusammen verbringen können."

„Das ist ja wunderbar", sagte ich. „Sicher kannst du dafür freibekommen."

Ich meinte, dass Maria nun ein Stein vom Herzen fallen würde und ich ihrer Frage nach Urlaub zuvorgekommen war. Doch ihre Miene hellte sich nicht auf. „Eigentlich will ich dort gar nicht hin. Ich fühle mich wohl hier", sagte sie. „Es hat nichts damit zu tun, dass ich meine Verwandten nicht leiden kann. Aber irgendwie lebt mein Großonkel in einer anderen Welt. Da sind unerhebliche Dinge schrecklich wichtig. Es geht um Reisen, Grundstücke oder kostspielige Segeltörns." Maria wurde nachdenklich. „Hier habe ich das Gefühl, mich mit den eigentlich wichtigen Dingen zu beschäftigen. Ich kann Menschen helfen." Die junge Frau sah zum Fenster hinaus. „Es ist schon verrückt: Ich habe eine gute Schule besucht, Geld geerbt und muss mir keine Sorgen um mein Auskommen machen. Und hier sind die Kinder von Hartz-IV-Empfängern, die das Wenige vertrinken oder für unnütze Sachen vergeuden. Die haben doch gar keine Möglichkeiten zu erleben, was ich erlebe. Manchmal schäme ich mich fast für meine Privilegien."

Ich musste an das mehr als geräumige Haus denken, in dem ich mit Cliff gewohnt hatte. Friedel war unser Hausmädchen. Sie kümmerte sich um den Abwasch, räumte auf und machte die Betten oder ging mit den Kindern spazieren. Einmal in der Woche kam eine Frau aus der Nachbarschaft. Sie erledigte die Wäsche und machte den Großputz. Und ich dachte an die anderen großen Häuser, die ich kennengelernt hatte.

„Weißt du“, sagte ich zu Maria, „als ich in Brooklyn als Haushaltshilfe gearbeitet habe, war ich in den Häusern vieler reicher Leute. Ich war in den Wohnungen von Menschen, die noch mehr besaßen als Cliff. Aber ihr Reichtum, ihr Geld und Gold imponierten mir nicht mehr wie zuvor. Ich wusste, dass Gott auch das Herz dieser Menschen kennt und sie liebt. Also habe ich ihnen, nachdem ich den Wischlappen zum Trocknen aufgehängt hatte, von Jesus erzählt. Wir unterhielten uns, während ich das Abendessen für die Familie zubereitete. Mit vielen hatte ich lange Gespräche und manche vertrauten sich mir an. Ich glaube, es ist Gott eher gleichgültig, über wie viel Besitz jemand verfügt. Er will, dass ihn jeder kennenlernt. Gott liebt nicht nur vernachlässigte Kinder wie Anton, er liebt auch deinen Großonkel im Maßanzug. Gott braucht seine Leute überall.“

Maria lächelte und sah vor sich hin. Dann guckte sie mich an und sagte: „Ob ich am übernächsten Wochenende wohl freibekommen kann?“

Möbeltransport

Dresden, 1999

„Hey, lass mich in Ruhe."

„Dann macht gefälligst nicht solchen Lärm hier." Oliver war kurz davor, den vier Jahre jüngeren Timo vom Stuhl zu zerren. Die beiden konnten sich nicht recht leiden und waren in den letzten Wochen öfter aneinandergeraten.

Nachmittags kamen jetzt meist so viele Kinder und Jugendliche ins Café Stoffwechsel, dass sie sich gegenseitig störten. Die Großen ärgerten die Kleinen und waren andererseits selbst von ihnen genervt. Nach nur fünf Jahren Cafébetrieb hatten wir regelmäßig so viele Gäste, dass in dem Raum nicht mehr genug Platz für alle war.

Hinzu kam unser Traum, Jugendlichen, die in Abrisshäusern lebten, eine Unterkunft in einem eigenen betreuten Wohnen anzubieten. Dafür brauchten wir vor allem eines: mehr Platz.

Wir überlegten und planten. Wir fragten Menschen um Rat und Gott. Nach etwa zehn Monaten ergab sich eine Möglichkeit. Keine zweihundert Meter vom Café Stoffwechsel gab es auf der Martin-Luther-Straße 29 einen leerstehenden Gebäudekomplex. Nach einigem Verhandeln bekamen wir Vorder- und Hinterhaus von der Stadt Dresden zur Erbpacht. Wie zuvor schon das Café entrümpelten und renovierten wir auch die neuen Räumlichkeiten mit der Hilfe vieler Freunde und Unterstützer.

Nach sieben Jahren Bauzeit planten wir den Umzug in die zwei Häuser. Teenie- und Kidstreff würden größere Räume bekommen, Mitarbeiterwohnungen und ein betreutes Wohnen sollten ebenfalls Platz finden. Ich würde von der Kammer direkt neben dem Café in eine eigene kleine Wohnung mit Bad und Küche ziehen. Bei so vielen neuen Räumen brauchten wir natürlich auch mehr Möbel, als wir im Café Stoffwechsel bisher benötigt hatten.

Eines Abends kam ich aus dem Gefängnis. Ich hatte Andreas besucht, der wegen wiederholten Einbruchs und Diebstahl für fünf Jahre saß. Ich besuchte ihn ab und an, weil es seine Kumpanen nicht taten und zur Familie kein Kontakt mehr bestand.

Ich hatte eben meine Jacke an den Garderobenständer im Flur gehängt, als das Telefon klingelte. Ingrid Biedenkopf, die Frau des damaligen sächsischen Ministerpräsidenten, rief an. Schon ein paar Mal hatte sie unsere Arbeit tatkräftig unterstützt. Jetzt war ihr zu Ohren gekommen, dass in einem Münchner Hotel ein ausführlicher Tapetenwechsel anstand. Erneuert werden sollte nicht nur die Farbe an Decken und Wänden, sondern auch ein Großteil des Mobiliars. Gutes sollte Besserem weichen, und der Hotelmanager, ein Bekannter von Frau Biedenkopf, suchte nach einer Möglichkeit, das alte Inventar schnell und kostengünstig loszuwerden. Als Frau Biedenkopf davon hörte, hatte sie nicht lange gezögert und uns angerufen. Die Möbel seien in gutem Zustand und voll funktionstüchtig, sagte sie mir. Etwas Besseres hätte uns nicht passieren können. Es war ein riesiges Geschenk. So groß und schwer, dass wir nicht wussten, wie wir es nach Dresden transportieren sollten.

In dieser Zeit traf ich mich einmal im Monat mit anderen Christen zum Bibellesen. Wir diskutierten über einen Abschnitt, sangen, beteten und erzählten uns davon, was jeden gerade beschäftigte. Dankbar berichtete ich von dem Möbelgeschenk, verschwieg aber auch nicht meine Unsicherheit bezüglich des Transportes.

Das Café Stoffwechsel, beliebter Anlaufpunkt für Erwachsene, Kinder und Jugendliche, ist gut besucht.

Auch Bernhard saß in der Runde. Sein Kopf war kugelrund und die gleichmäßige Form nur durch einen schmalen, weißen Haarkranz unterbrochen. Er hatte freundliche, flinke Augen und einen Schnurrbart von ebenso leuchtendem Weiß, wie es die wenigen Haare auf seinem Kopf zeigten. Bernhard war Professor der Physik und befand sich, wie er gern und oft betonte, in seinem wohlverdienten Unruhestand. Eigentlich hatte ich mir einen etwas jüngeren und erprobten Möbelfahrer vorgestellt. Erfahrung mit dem Fahren von Lkw hatte Bernhard nicht, aber Zeit und Lust auf eine Reise nach München. So wurden der weißhaarige Mann und ich zu Möbelspediteuren.

Am übernächsten Tag gab ich im Hotel Bescheid, dass wir die Möbel holen würden. Wir kauften uns Fahrkarten nach

München und mieteten einen Lkw mit sieben Tonnen Ladelast für die Tour zurück. Als wir nach sechs Stunden Zugfahrt in München ankamen, wurden wir bereits erwartet. Obwohl wir Peter Richter, dem Manager des Hotels, nie zuvor begegnet waren, begrüßte er uns so freundlich und zuvorkommend, als sollten nicht wir seine Möbel abholen, sondern brächten große Geschenke für ihn. Nach einer netten Unterhaltung in der Hotelbar bezogen Bernhard und ich jeder sein Zimmer.

Am nächsten Morgen verluden zwei Angestellte des Hauses Tische, Schränke, Betten, Matratzen und Stühle. Sie waren noch nicht fertig damit und der Lkw schon reichlich zur Hälfte gefüllt, als Peter Richter dazukam. Ich wollte ihm für diese große Spende danken und sagen, wie viel sie uns bedeutete, da meinte er mit der Hand in den Laderaum deutend: „Na, da ist ja noch Platz in dem Wagen. Wollen wir den noch vollmachen?"

Ich schaute Bernhard fragend an, doch der schien auch nicht zu wissen, wie diese Anspielung zu verstehen war. Wir mussten nicht lange rätseln. Peter Richter erklärte sich prompt. „Wir haben in Nürnberg ein Lager mit ausgemustertem Mobiliar. Dort sammeln wir alles Ausrangierte. Wenn Sie wollen, fahre ich gleich mit hin."

Auf der Autobahn sah Peter Richter ständig in den Rückspiegel. Wir durften Bernhard, unseren Professor im Lkw, nicht verlieren. Mich beschlich die Ahnung, dass die rechte Spur für Peter Richter weitgehend unbekanntes Gelände war, aber er fuhr ohne Kritik Strich achtzig, sodass der Lkw gut mitkam. Das Wetter war herrlich. Zwischen imposanten Wolkenbergen schien die Sonne herab und tauchte die Landschaft in ein ruhiges Licht. Die Stimmung im Wagen hätte hervorragend sein können. Doch es wollte kein rechtes Gespräch in Gang kommen. Jedes Mal, wenn ich versuchte den Faden aufzunehmen oder ein neues Thema ansprach, erhielt ich eine höfliche aber kurze Antwort, und dann herrschte wieder nachdenkliche Stille.

Nachdem wir zwei Ausfahrten schweigend passiert hatten, schien mir, Peter Richter wolle etwas sagen, könne sich aber nicht recht entschließen. Schließlich begann er: „Wissen Sie … was mich beschäftigt." Er machte eine Pause. „Meine Frau ist krank. Krebs." Peter Richter sah nach vorn, prüfte, ob Bernhard noch im Rückspiegel zu sehen war und schaute mit geradem Blick wieder auf die Fahrbahn vor uns. „Ja", sagte er und nickte leicht dabei. Dann war er wieder still.

Was sagt man einem Mann, der um das Leben seiner Frau und der Mutter seiner Kinder bangt?

Ich erzählte ihm von dem liebenden Vater, den ich in Gott gefunden hatte, und dass ich mich auch mit ernsthaften Problemen von ihm ernst genommen weiß. Peter Richter nickte zaghaft und schien dankbar und ein wenig ruhiger, nachdem ich für seine Frau gebetet hatte.

In Nürnberg erwartete uns eine ehemalige Montagehalle, vollgestellt mit Schränken, Regalen, Tischen und Betten aller Art. Sie waren gut erhalten und voll funktionstüchtig. Mir schien, allein die Tatsache, dass andere Möbel im Design mehr bestachen, hatte diese aus den Hotels hier ins Verlies gebracht. Sie wurden nicht weggeworfen, aber es interessierte sich auch niemand für sie. Bernhard und ich hatten freie Hand. Wir durften auswählen, was wir wollten, und zwei junge Männer verstauten alles in unserem Lkw.

Nach einem langen Tag kamen wir wieder in Dresden an. Bernhard und ich waren froh und dankbar, die Möbel und uns selbst wohlbehalten nach Hause gebracht zu haben. Am nächsten Tag entluden wir den Lkw und konnten noch einmal bestaunen, womit wir reich beschenkt worden waren. Wir dankten Gott, dass er uns mit allem versorgte, was wir brauchen. Doch er war noch nicht am Ende.

Zwei Tage, nachdem bei uns die Rechnung für die Miete des Lkw eingegangen war, rief Peter Richters Sekretärin an und sagte uns, dass wir uns um die Bezahlung der Rechnung bitte nicht kümmern sollten. Der Lkw sei ein Service des Hauses. So sorgte Gott für uns – all-inclusive.

Königstisch im Eckcafé

Dresden, 1997

Spirituosen, Sekt, Wein stand über der Tür des Eckladens am Martin-Luther-Platz. Ein Steinwurf vom hoch aufragenden Bau der Lutherkirche und unter dem regelmäßigen Geläut ihrer fünf Glocken war der Laden im alten Gründerzeithaus 1992 pleitegegangen.

Gerade rechtzeitig. Im Januar 1993 war ich mit der Vision nach Dresden gekommen, gemeinsam mit Dresdner Christen Gottes Liebe an junge Menschen zu verschenken, die von ihren Eltern wenig Zuwendung bekamen und sich die Anerkennung von Freunden hart erarbeiten mussten. Jugendliche, die die größte Wärme und Geborgenheit in einer Flasche Branntwein fanden.

Der Spirituosenladen an der Ecke hatte die Räume zur richtigen Zeit geräumt und ich konnte sie günstig mieten. Zuerst suchte ich in Dresdner Gemeinden nach Unterstützern. Gemeinsam mit Freunden und vielen Helfern, vor allem aus der Elimgemeinde, war ich drei Monate damit beschäftigt, den alten Laden zu entrümpeln, Tapeten abzulösen, frische Farbe an Fensterrahmen und Wände zu bringen und den Raum gemütlich einzurichten. Dann öffnete sich die Tür des Café Stoffwechsel zum ersten Mal für Gäste. Das komplette Inventar hatten wir geschenkt und gespendet bekommen. Kein Stuhl glich dem anderen, aber auf jedem waren Gäste herzlich willkommen. Wir hatten kaum Geld, das Café einzurichten. Statt Lampenschirmen streuten ausgemusterte Strohhüte warmes Licht im Raum. Anstelle teurer Tapeten zierten Sinnsprüche die weiß getünchte Wand. Weil wir im

Café Stoffwechsel auch gebrauchte Klamotten preiswert verkaufen wollten, dekorierten wir die Decke mit unterschiedlichen Kleidungsstücken. Im Kreis angeordnet hefteten wir eine schwarze Lederjacke mit einer zerschlissenen Jeans, ein Cocktailkleid, einen alten Pullover und Hose und ein Sommerkleid an. Die vier Kleiderfiguren hielten sich an den Händen. Das versinnbildlichte unsere Vision: Im Café Stoffwechsel wird jeder Charakter und jede Kultur akzeptiert.

Nach der Eröffnung des Cafés luden wir beinahe jeden Samstag an den „Königstisch" ein. Königstisch hieß bei uns das kostenfreie Frühstück für jedermann.

Brot und Brötchen, Joghurt und Obstsalat, Eier und Marmelade, Käse und was neben Kerzen und Blumen noch auf dem weißen Tischtuch stand, hätten wir aus eigener Tasche nicht tragen können. Fast alles, was wir für unsere Gäste auf den Tisch stellten, waren Spenden. Wir gaben die Köstlichkeiten nur weiter.

Und die Leute kamen. Das Publikum unseres Samstagsbrunches war tatsächlich so bunt wie die Kleider an der Decke. Nachbarn wollten wissen, wer wir sind. Neugierige staunten, dass so Leckeres umsonst zu haben war. Hungrige wussten es und kamen immer wieder.

Wenige Wochen nach seiner Eröffnung war das kleine Eckcafé Samstag für Samstag zum Bersten gefüllt. An fünf Tischen saßen über dreißig Leute und genossen Brötchen, die der Bäcker am Vortag nicht verkauft hatte, und selbst gekochte Marmelade. Ein buntes Stimmengewirr ließ die dezente Musik im Hintergrund verschwinden.

An einem Frühlingsmorgen kurz vor zehn, einige Stühle warteten noch auf Besuch, torkelte Karuso herein. Wir kannten ihn von früheren Visiten und ahnten nichts Gutes. Schwarze Haare, stechende Augen, kantiges Gesicht, einen Mund voller Flüche und immer ein paar lautstarke, pöbelnde

Freunde im Schlepptau. Karuso wankte und fand an einem Tisch Halt. Unwillig zog er sich einen Stuhl heran, ließ sich fallen, legte seine Füße auf einen zweiten Stuhl und seinen rechten Arm auf die Lehne eines dritten. Als er den Raum betrat, änderte sich sofort die Stimmung. Einige sahen Karuso verwundert an. Andere kannten sein Verhalten und ignorierten ihn bewusst und schielten verstohlen zu ihm hinüber. Manche duckten sich weg. Sie wussten, dass der Betrunkene auf den drei Stühlen ungemütlich werden konnte.

Es ist nicht gut, wenn sich die Situation weiter zuspitzt, dachte ich. Also ging ich bangen Herzens, aber festen Schrittes zu Karuso. Er bemerkte mich nicht. Die drei Kumpanen, die mit ihm gekommen waren, sahen mich erwartungsvoll an. Sollte ich es tatsächlich wagen, Karuso in die Schranken zu weisen? Dann würde es hier gleich laut werden und mit Sicherheit gäbe es etwas zu lachen. Amüsiert und abschätzig taxierten sie mich, wie Männer, die bei einem Hundekampf die Wahl zwischen einem kräftigen Terrier und einem Dackel hatten und nun so taten, als könnten sie sich nicht entscheiden, auf wen sie wetten sollten.

Kaum hatte ich Karuso angesprochen, fuhr er mich an: „Geh doch zurück nach Amerika." Seine Augen hatten Mühe, meine zu finden. „Ihr seid eine Sekte. Wir wollen euch hier nicht." Seine Zunge verlor den Halt. Karusos abweisende Handbewegung hatte die Lehne des dritten Stuhles frei gegeben. Ich setzte mich in der Hoffnung darauf, dass ihn das vielleicht etwas beruhigte. In mir stritten Empörung und Liebe.

Ich wusste, dass Karuso zu mehr in der Lage war, als große Reden zu schwingen. „Gott schmeiß Hirn vom Himmel!", war eines Morgens auf den Rollläden des Cafés zu lesen gewesen. Wir vermuteten Karuso oder einen seiner Kumpanen dahinter. Wie wenig sie von Gott hielten und wie sehr sie mich hassten, ließen sie mich immer wieder durch laute

Worte und bewusste Provokationen wissen. Noch direkter erreichte mich ihre Botschaft, als sie „Sabine ans Kreuz“ in einen der Tische im Café ritzten.

Das waren die Menschen, zu denen Gott mich geschickt hatte. Oft kniete ich in dem kleinen Raum neben dem Café nieder und betete für sie. Ich wünschte ihnen, dass sie Gottes Versöhnung erfahren könnten. An diesem Morgen war mit dem betrunkenen Karuso kein sinnvolles Gespräch möglich. Seine Gedanken waren im Hass gefangen wie eine Wespe im Zuckerglas. „So ’ne alte Frau wie dich brauchen wir hier nicht“, sagte er und steckte sich den letzten Bissen eines Brötchens in den Mund. Dann stand er umständlich auf, griff die Milch und goss sich eine Tasse voll ein. Mehrmals hatte ich ihm bei vorherigen Besuchen gesagt, dass die Milch nur für den Kaffee sei. Milch bekamen wir nicht gespendet, wir mussten sie kaufen. Weil wir kaum Geld hatten, gab es wenig Milch. Karuso sah mich an, setzte die Tasse an und trank. Er sah nicht aus, als ob er die Milch genießen würde. Er trank sie dennoch.

In den Gesichtern seiner Kumpanen war Häme zu lesen. Wahrscheinlich waren sie hierhergekommen, um zu zeigen, wie sehr sie mich verachteten. Durch meinen fragenden Blick fühlte sich der kleinste von den Dreien, Fatzke, herausgefordert, auch etwas zu sagen. „Was Karuso eben gesagt hat, wollte ich dir schon lange sagen“, meinte er herablassend.

Ich spürte mein Herz kräftig schlagen. Mir war, als sei mit den vier Männern ein anderer Geist in den Raum gekommen. Schweigend bat ich Gott um die richtigen Gedanken und Worte. Ein Teil von mir wollte sich empören und die Störenfriede verachten. Doch irgendetwas in mir erinnerte mich daran, dass sie Gefangene in ihrer Welt waren. Ich spürte eine tiefe Liebe und den Wunsch, ihnen zu helfen, sie selbst zur Liebe zu befähigen.

Sabine Ball mit Gästen im Café Stoffwechsel – weil das Café auch einen Secondhandladen für Kleidung beherbergt, hängen Jacken und Mäntel in den Fenstern.

Ich nahm allen Mut zusammen und bat Fatzke, mit mir ins Büro zu kommen. Tatsächlich stand er auf und folgte mir umständlich die vier Stufen hinauf in den kleinen Raum direkt neben dem Café, der für mich Büro, Wohn- und Schlafzimmer in einem war. Als uns die geschlossene Tür von den anderen trennte, redete ich ruhig mit Fatzke. Ich erzählte ihm aus meinem Leben, dass ich selbst lange nach Zufriedenheit und Ruhe gesucht hatte. Dass ich sie zuallerletzt in der Bibel und bei dem Gott der Kirchturmglocken vermutet hätte. Dass mir dann ein junger Mann die Bibel erklärt und sich mein Leben von Grund auf geändert hatte.

Fatzke sah mich kritisch und prüfend an. Doch das störte mich nicht. Für mich war es schon ein Erfolg, dass er mir zuhörte. Erreichten ihn meine Worte? Spürte er Gottes Liebe?

Nachdem ich ihm eine halbe Stunde aus meinem Leben und von meinen Erfahrungen erzählt hatte, zerstörte er alle meine Hoffnung.

„Ich bin vom Satan", sagte er. Die Betonung verriet Genugtuung. „Für mich zählt nur, über andere Macht zu haben", sagte er, stand auf und ging aus dem Raum.

Im Café Stoffwechsel wechselten die Gäste. Karuso und Fatzke blieben oft für Wochen weg und sorgten dann wieder für Aufregung. Andere ließen sich hier von Gott in die Arme schließen und reichten danach Feinden die Hände. Wieder andere interessierten sich intensiv für Jesus und die Bibel und fanden kurz darauf andere Meister.

Jahre waren seit dem letzten Besuch von Fatzke und Karuso vergangen. An einem Nachmittag, ich war gerade allein im Café, betraten zwei Männer den Raum. Ein älterer und ein jüngerer. Der ältere sah mich an. „Du bist immer noch hier." Es klang, als überrasche ihn seine eigene Feststellung.

„Ja", sagte ich. „Ich bin hier und bin gern hier." Ich war nicht sicher, hatte aber das Gefühl, den Frager zu kennen. Als hätte er meine Gedanken erraten, sagte er: „Wir kennen uns." Weder im Gesicht des Alten noch des Jungen erkannte ich bekannte Züge. „Ich wollte mal sehen, ob es euch noch gibt", sagte der Ältere. Für einen Moment meinte ich, Karusos Stimme zu hören.

„Du hast dich verändert", sagte ich.

Der Mann sah sich im Raum um. Sein Blick glitt über die Tische, die Lampen, die tanzenden Kleider an der Decke und blieben an den Worten „Im Geben liegt Segen" hängen. Er schien einiges wiederzuerkennen. Nach einer Pause sagte er langsam: „Ich bin älter geworden", und es klang, als wollte er sich entschuldigen.

Kochen in fremden Küchen

Miami, 1985

Hätte Margarethe Schwarzschild gewusst, dass ihr Sohn mir für ihre Pflege jeden Monat zweihundert Dollar zahlte, hätte sie mich vermutlich niemals in ihre Wohnung hereingelassen. Denn die achtzigjährige ehemalige Schuldirektorin war nicht nur streng mit sich selbst, sondern auch unendlich sparsam. Alle Socken und jedes Hemd, das sie besaß, war mindestens ein Mal gestopft. Geld für neue Wäsche auszugeben, kam für sie nicht infrage.

Ich ging jeden Morgen zu Margarethe, half ihr beim Aufstehen und bereitete das Frühstück für sie. Anschließend verbrachten wir gemeinsam den Vormittag. Sie berichtete mir aus ihrem Leben. Ich erzählte ihr meine Geschichte oder die neuesten Zeitungsmeldungen. Wir machten Spaziergänge oder ich las ihr aus einem Buch vor. Nach dem gemeinsamen Mittagessen ging ich und kam am nächsten Morgen wieder.

Neben ihrer notorischen Knauserigkeit hatte Margarethe eine weitere Besonderheit – ihre Vergesslichkeit. Hatte sie einen Strumpf angezogen, musste ich sie manches Mal an den zweiten erinnern. Sie hätte ihn auf dem Bett liegen gelassen und mich später gerügt, dass ich die Wäsche nicht ordnungsgemäß in den Schrank geräumt hatte. Beinahe stündlich fragte Margarethe nach dem aktuellen Datum. Ihre Geschichte und die ihrer Eltern, konnte ich nach wenigen Tagen in allen Einzelheiten nacherzählen.

Gut zwanzig Jahre nach der Scheidung von Clifford Ball war ich nach Miami gekommen, um in der Nähe meiner beiden Söhne zu sein. Der nach seinem Vater benannte ältere

Bruder Cliff lebte inzwischen mit seiner Freundin unweit der Stadt und Fred noch im Hause seines zwischenzeitlich neu liierten Vaters. Ich genoss es, sie nach der Arbeit hin und wieder sehen zu können. Dennoch blieb Zeit bis zum nächsten Morgen bei Margarethe. Ich wünschte mir eine zweite Anstellung für die Nachmittags- und Abendstunden. Zudem suchte ich nach einer preiswerten Unterkunft. Die Wohnung der Freundin, bei der ich ein Zimmer mieten konnte, war recht abgelegen und ich musste zu Margarethe weit fahren.

An einem Sonntag gab mir eine Freundin nach dem Gottesdienst ein kleines Stück Papier. Sie hatte es aus dem Annonceteil des Miami Herald herausgerissen. Mit wenigen Worten stand da geschrieben, Familie Klein suche eine Haushaltshilfe, die sich um die Zubereitung des Abendessens kümmere. Gleich am nächsten Tag machte ich mich auf den Weg zu der angegebenen Adresse. Schon als ich das Haus von Weitem sah, wusste ich, dass hier vermögende Leute wohnten.

Ich klingelte. Wenig später öffnete ein Butler mit ernster Miene die Tür. Er bat mich ins Foyer des Hauses und ließ mich allein. Ich sah die hohen Wände hinauf zur getäfelten Decke. Entlang des riesigen Leuchters in deren Mitte fiel mein Blick auf den Boden, wo ein schwerer Perserteppich jeden Schritt dämpfte. In Gedanken durchschritt ich das Haus, das ich etwa dreißig Jahre zuvor mit Cliff bewohnt hatte. Auch uns fehlte es damals nicht an Prunk und Schmuck. In Vitrinen reihten sich kostbare Porzellanfiguren von Royal Kopenhagen aneinander. Mir war es damals wichtig, dass die Leute, die für einen Abend zu uns kamen, am nächsten Tag bei ihren Freunden von der Party oder dem Haus schwärmen würden. Der Name Ball hatte in der High Society Miamis einen besonderen Klang. Es schmeichelte mir, wenn Freunde meinten, dass mir die Rolle der elegant eloquenten Gastgeberin ausgezeichnet stand.

Damals hatte ich Bedienstete. Jetzt war ich nicht mehr Gastgeberin, sondern als Bittstellerin gekommen. Ich war hier, um mich für eine Anstellung als Dienstmädchen zu bewerben. „Der Größte unter euch soll euer Diener sein“, hatte Jesus zu seinen Jüngern gesagt. Mir war klar, dass auch für mich galt, was im Matthäusevangelium Kapitel 23 festgehalten war. „Wer sich aber selbst erhöhen wird, wird erniedrigt werden.“

Mit kurzen hastigen Schritten kam Frau Klein auf mich zu und begrüßte mich kühl. „Ich bin Perfektionistin“, sagte sie, als wir in der akkurat eingerichteten und makellos sauberen Küche standen. Ich war nicht sicher, ob ich ihren hohen Ansprüchen genügen würde und bezweifelte, die Stelle zu bekommen. Als ich am nächsten Tag anrief, sagte mir Frau Klein, dass ich anfangen könnte und in einem Zimmer des Hauses freie Logis hätte.

Frau Klein war mir gegenüber recht reserviert. Sie stellte keine Fragen und gab mir keinen Anteil an dem, was sie bewegte. Wichtig war ihr nur, dass ich meine Aufgaben exakt und ohne Abweichung in der von ihr gewünschten Art und Weise erledigte.

Am Nachmittag besorgte ich die Zutaten und bereitete anschließend das Abendessen vor. Es war herrlich, über den Markt zu schlendern und all die exquisiten Sachen an den Ständen nicht nur bestaunen, sondern tatsächlich kaufen zu können. Ich erstand nur ausgewählte Waren. Weil die Kleins religiöse Juden waren, musste ich das Essen koscher zubereiten. Herr Klein kam jeden Tag punktgenau Viertel nach sieben nach Hause. Es war mein ganzer Ehrgeiz, dass er dann nicht eine Minute auf das Essen warten musste und die dampfenden Schüsseln schon auf dem gedeckten Tisch standen. Obwohl ich das fast immer schaffte, konnte ich die Kleins nie wirklich zufriedenstellen. Alles, was ich tat, genügte ihnen nicht. Sie behandelten mich nicht schlecht, aber es machte keine Freude, in ihrem Haus zu arbeiten.

Was hatte sich Gott nur dabei gedacht, mich hierher zu schicken? Beim Lesen in meiner Bibel gab er mir Antwort: „Gehorcht euren irdischen Herren ... in Einfalt eures Herzens, als dem Christus, indem ihr den Willen Gottes von Herzen tut." Mir schien, Gott hatte mich ins Haus der Kleins geschickt, damit ich lernte, mich unterzuordnen.

Eines Tages fasste ich mir ein Herz und erzählte den Kleins von der alten Margarethe. Am Ende meines Berichtes platzierte ich dezent die Frage, ob ich die Reste vom Abendbrot, die aufzuessen ich selbst oft nicht schaffte, mit zu ihr nehmen dürfe. Zu meiner Überraschung erhielt ich prompt die Erlaubnis. So verzehrten Margarethe und ich oft ein köstliches Mal. Da diese Kost die Kasse schonte, schmeckten der sparsamen Frau die Reste doppelt gut.

Ich arbeitete seit sechs Wochen im Haus der Kleins, als sie mir eines Abends beim Abräumen des Geschirrs eröffneten, dass sie bald nach Europa reisen wollten. Ich solle mir aber keine Gedanken machen, sagten sie, für Arbeit sei während dieser Zeit gesorgt. Mehr erfuhr ich vorerst nicht.

Kurz vor dem angekündigten Reisetermin erschienen Frau Kleins Eltern, um das Haus ihrer Kinder in deren Abwesenheit zu bewohnen.

Mit Harry und Ruth Abramsky zogen endlich die Wärme und Menschlichkeit in das prunkvolle Haus ein, die ich bis dahin so schmerzlich vermisst hatte. Schnell hatte ich mich mit den Herrschaften arrangiert. Dennoch war nicht immer nur alles einfach.

Ruth war eine empfindliche Frau. Sie klagte oft über Kopfschmerzen. Sobald im Haus irgendwo ein Fenster offenstand, mussten alle Türen geschlossen werden. Ging auch nur ein kleiner Windhauch, konnte man sicher sein, dass Frau

Sabine in der Küche ihrer kleinen Wohnung auf der Martin-Luther-Straße in Dresden

Abramsky am Tag darauf erkältet war. Bald hatte ich gelernt, mittels schnellem Hindurchschlüpfen von einem Raum in den nächsten zu gelangen, ohne dass Ruth mahnend von der Strickarbeit aufsah, mit der sie oft beschäftigt war.

Harry Abramsky war tagsüber meist außer Haus. Kam ich mit den Zutaten fürs Abendessen im Korb ins Haus, freute sich Ruth, jemanden zu haben, der ihr zuhörte. Doch ich tat mehr als das. Zuerst zaghaft und später immer mutiger erzählte ich ihr von Jesus. Bei den Kleins war ich bereits beim ersten Versuch, etwas über den Sohn des Schöpfers dieser Welt zu sagen, unmissverständlich darauf hingewiesen worden, dass dieses Thema unerwünscht sei. Bei Ruth war das anders. Jesus als Sohn Gottes passte zwar nicht in ihr religiöses Weltbild, aber die Erfahrungen, die ich mit ihm gemacht hatte, ließen sie hellhörig werden.

Eines Tages kam ich mit den Zutaten für Harrys Lieblingsessen vom Markt: Lammkeule mit gebackenen Kartoffeln und frischem Mischgemüse sollte es geben. Ich putzte gerade die Möhren, als Ruth in die Küche kam. Der Tür den Rücken zugekehrt, begrüßte ich sie. „Nicht so laut bitte“, sagte sie mit leidender Stimme. Seit dem Morgen plagten sie wieder einmal heftige Kopfschmerzen.

Als ich eine geputzte Möhre zur Seite legte und nach der nächsten schmutzigen griff, sagte Gott zu mir: „Bete für sie.“ Im gleichen Moment war eine zweite Stimme in mir. „Und wenn es nicht funktioniert?“ Ohne lange zu zögern, hörte ich auf die erste Stimme.

„Soll ich für Sie beten?“, fragte ich Ruth leise. Sie sah mich erstaunt an. In ihrem Gesicht erkannte ich Skepsis. Wahrscheinlich fragte sie sich, was Gott oder gar sein vor zweitausend Jahren gekreuzigter Sohn mit ihrem bohrenden Kopfschmerz zu tun haben sollte. „Darf ich für Sie beten?“, fragte ich noch einmal. Zaghaft nickte sie, und wir gingen in mein kleines Zimmer. Neben Ruth auf dem Bett sitzend betete ich: „Jesus, wir kommen jetzt zu dir. Du siehst Ruths Not. Ich bitte dich, sie mit deiner Kraft zu berühren. Du bist der Allmächtige und kannst heilen. In deinem Wort sagst du uns, dass wir mit unseren Nöten zu dir kommen können. Das tun wir jetzt und bitten dich, Ruth die Kopfschmerzen wegzunehmen. Danke, Herr Jesus."

Ich hatte meine Augen beim Beten geschlossen. Als ich sie wieder öffnete, sah ich Ruth an. Ihre Fingerspitzen an die Schläfen gelegt, saß sie mit gesenkten Lidern neben mir. „Es ist auf einmal so warm in meinem Kopf", sagte sie. „Ich spüre eine wohlige Wärme." Und dann lauter, während sie mich ansah: „Sabine, die Schmerzen sind weg, er hat mich geheilt!" Still dankte ich Gott, dass er das Gebet erhört hatte.

An diesem Tag veränderte sich Ruths Leben grundsätzlich. Die spürbare Kraft Gottes beeindruckte sie so sehr, dass alles, was ich ihr zuvor über Jesus Christus erzählt hatte, für sie nun glaubhaft wurde. „Jesus hat mich berührt", sagte Ruth. Noch einmal falteten wir gemeinsam unsere Hände. Diesmal betete Ruth. Sie dankte Gott für ihre Heilung und bat ihn, als neuer Herr ihres Lebens ihr Wesen nach seinem Willen zu verändern. Nach einer kurzen Pause sagte sie „Amen".

Weil es mir den ganzen Nachmittag über keine Ruhe ließ, fragte ich Ruth vor dem Abendessen: „Ruth, warum haben Sie vorhin gezögert ... vor dem Amen?" Sie sah mich an und zögerte wieder. Dann sagte sie leise: „Wissen Sie, Sabine, ich habe ein wenig Angst. Ich frage mich, was passieren wird, wenn mein Mann oder jemand aus der Familie erfährt, dass ich heute Christ geworden bin. Ich weiß nicht, wie sie darauf reagieren werden. Wird unsere Beziehung sein wie bisher? Ich habe Angst, dass jetzt manches anders wird."

„Ruth“, sagte ich, „vielleicht müssen Sie Harry nicht gleich heute sagen, dass Sie Christ geworden sind. Wenn Gott Ihr Leben verändert, wird er es ohnehin bald bemerken.“

In diesem Moment steckte jemand einen Schlüssel ins Schloss und drehte ihn rasch herum.

Steuergeschenke

Kalifornien, 1984

Als Gary den alten Silvertrailer aufs Land zog, wollte ich nicht glauben, was ich sah. Es war nichts Ungewöhnliches, dass wir auf dem Land Dinge wieder brauchbar machten, die andere ausrangiert hatten. Aber das mattgraue, Jahre zuvor wahrscheinlich einmal alufarben glänzende Gefährt war in meinen Augen ein hoffnungsloser Fall.

Gary bemerkte mein entsetztes Gesicht, hielt mir die Tür auf und lächelte einladend. Ich steckte meinen Kopf ins dunkle Innere des Wohnwagens und verstand noch weniger, warum Gary ihn aufs Land gezogen hatte. Gary jedoch war von seinem Vorhaben, den Wagen wieder herzurichten, nicht abzubringen. In dem ihm eigenen grenzenlosen Optimismus sah er den Wagen schon in der Sonne glänzen, im Inneren eine wohnlich einladende Atmosphäre. Gary rollte den vormals silbernen Kasten in eine ruhige Ecke und begann daran zu arbeiten.

Ein paar Tage später traf ich ihn mit hochgekrempelten Hemdsärmeln und schmutzigen Händen. „Wie geht es deiner Blechdose?“, fragte ich ihn gut gelaunt.

„Guck sie dir an“, sagte Gary. Ihm zuliebe steckte ich meinen Kopf zum zweiten Mal durch die schmale Tür.

Ich war überrascht: Der Wagen schien größer geworden zu sein. Gary hatte nahezu alle Einbauten herausgenommen und war nun damit beschäftigt, die Wände Stück für Stück mit Holz zu vertäfeln. Er erzählte mir von einer Sitzecke, die er einbauen wolle, einer Kochnische mit zwei Platten und einem bequemen Schlafplatz im hinteren Teil. Sogar die Dusche und das WC wollte er wieder installieren. Langsam wich meine Skepsis, und der Blechkasten begann mich zu interessieren. Garys Ehrgeiz hatte mich angesteckt. In den folgenden Wochen schaute ich immer wieder bei ihm vorbei und bewunderte den Fortschritt. „Könntest du für die Fenster Vorhänge nähen?“, fragte mich Gary bei einer meiner Visiten. Ich tat es gern. Der rot-weiß karierte Stoff, aus dem ich zuletzt Kissenbezüge gemacht hatte, passte ausgezeichnet zu dem hellen Holz im Wagen, fand auch Gary.

Auf dem Land war immer Bewegung. Es war ein ständiges Kommen und Gehen: Hippies besuchten uns und lebten für eine Weile mit. Freunde kamen zu Besuch. Manche Leute, die von uns gehört hatten, wollten The Lord's Land, wie das Land nun hieß, unbedingt kennenlernen und blieben für ein paar Tage oder Wochen bei uns. Ein treuer und gern gesehener Gast war Pastor Jim Dirken. War er dabei, dauerten unsere Bibelzeiten meist doppelt so lang. Er hatte eine wirklich gute Art, schwierige Dinge mit wenigen Worten verständlich zu machen und wir mochten seine Andachten sehr.

Auch Paul Ilyin war ein regelmäßiger Besucher. Paul kam ursprünglich aus Russland. Jedes Mal, wenn er zu uns kam, beschwerte er sich über die unbefestigten Wege. Dann hatte er eines Tages genug vom Kritisieren. Ohne zuvor Bescheid zu sagen, reiste er mit vier Freunden an. In wenigen Tagen befestigten sie einen besonders abschüssigen Pfad, der nach jedem Regen schlammig und kaum zu begehen war. Wir nannten ihn seither „Russian path“.

So wurde es bei uns auf dem Land nie langweilig. Menschen kamen und gingen. Paul erzählte auch seiner erwachsenen Tochter Natascha vom Land. Sie kannte uns noch nicht und fand die Sache mit The Lord's Land spannend. Am Telefon sagte sie mir, gemeinsam mit ihrem Mann wolle sie uns für eine Woche besuchen. Als der vereinbarte Termin näher rückte, fiel mir auf, dass keines der Häuser, die wir hin und wieder vermieteten, frei war. Wo sollten Natascha und ihr Mann wohnen?

Gerade im richtigen Moment wurde Gary mit dem Ausbau des Silvertrailers fertig. Der Wagen blitzte in der Sonne und machte seinem Namen wieder alle Ehre. Gern nahm ich Garys Angebot an, zog in den zum Kleinod gewordenen Kasten und überließ Natascha das kleine Haus, das ich zuvor bewohnte.

Ich schaute nicht schlecht, als Natascha und ihr Mann mit einem protzigen Chevrolet aufs Land fuhren. Mit hochhackigen Schuhen, einer Handtasche unterm Arm und einem Pelzcape darüber stolzierte Natascha zu „meiner" Holzhütte.

Sie war eine freundliche und nette Frau, aber wirklich herzlich waren unsere Gespräche nicht. Sie blieb mir fremd, und ich hatte den Eindruck, sie konnte mit uns barfuß laufenden Gemüsebauern, Schreinern und den Künstlertypen wenig anfangen. San Francisco war das Pflaster, auf dem sie sich gern und sicher bewegte, das spürte ich. Ihre Welt und die unsere glichen einander wie Paradiesvogel und Feldsperling.

Natascha wohnte also mit ihrem Mann in meiner Hütte und ich in dem gemütlichen Wohnwagen. Ich fühlte mich sehr wohl dort. Abends zündete ich mir manchmal eine Kerze an. Wollte ich für mich allein sein, zog ich die rot-weißen Vorhänge zu und hing meinen Gedanken nach.

Als ich nach dem Krieg von Ostpreußen nach Dresden und Günzburg geflohen war, hatte ich weniger Münzen in der Tasche als Finger an den Händen. Mein knurrender Magen sehnte sich nach Nahrung und meine hungernde Seele nach Wohlstand und Luxus. Irgendwie musste er doch zu bekommen sein, dachte ich, wenn in Deutschland nicht, dann vielleicht in Amerika? So machte ich mich auf den Weg.

Nach drei Jahren als Kindermädchen in New York und Hostess in Miami lernte ich Clifford Ball kennen. Dieser Mann ließ mein Herz schneller schlagen und gab mir weit mehr als die gewünschte finanzielle Sicherheit. Geld war bei den Balls kaum Thema. Es war ganz einfach immer ausreichend da. Mein Schwiegervater war Multimillionär und mein Mann mehrte seinen Vermögensanteil durch Immobiliengeschäfte. In unserer Ehe kümmerte er sich um Steuern und Versicherung. Ich musste das Geld nur noch ausgeben. Es war so leicht, einen Scheck auszufüllen oder in den Läden, in denen wir Kredit hatten, zu unterschreiben. Nur wenn ich ein extrem teures Kleid kaufen wollte oder extravaganten Schmuck, fragte ich Cliff, der mir nie einen Wunsch ausschlug.

Es klopfte an die Wohnwagentür und Josh steckte seinen Kopf herein. In der Hand hielt er einen braunen Umschlag. Der Brief habe noch im Kasten gelegen, sagte er und reichte das Kuvert herüber. Als er gegangen war, öffnete ich den Brief mit dem unleserlichen Absender. Mehrere Blätter kamen zum Vorschein. Sie sahen amtlich aus. Ich begann zu lesen, doch je länger ich las, desto weniger verstand ich. Die Sätze waren schrecklich lang und ineinander verschlungen wie eine Boa im Verdauungsschlaf. Es hatte den Anschein, der Verfasser habe an einem Wettbewerb teilgenommen, wer zwischen Satzanfang und Schlusspunkt die meisten Wörter unterbringen könnte.

Sorgen machte mir vor allem das letzte Blatt. Dort hieß es schnörkellos und klar: „Die Landsteuer in Höhe von Dollar 5050 ist fällig bis zum 01.03.1984."

Ich wusste, dass wir jedes Frühjahr Landsteuer zahlen mussten. Da ich mich aber mit Finanzsachen schwertat, hat-

Pastor Jim Dirken liest aus der Bibel vor

te das in den letzten Jahren Tom Fritz für uns erledigt. Er kannte sich in Steuerfragen bestens aus und hatte eingewilligt, diese Angelegenheiten für uns zu klären. Im letzten Jahr war Tom nach Costa Rica gegangen, um eine Missionsstation aufzubauen. Ich war also ganz auf mich gestellt.

Aus dem Schreiben ging unmissverständlich hervor, dass die fünftausendfünfzig Dollar innerhalb der nächsten sechs Wochen fällig waren. Ich musste mir keinen aktuellen Kontostand sagen lassen, um zu wissen, dass wir das Geld nicht hatten. Wir besaßen weniger als dreihundert Dollar, und die brauchten wir dringend für Lebensmittel und Gasflaschen.

Dass ich von einer Bank einen Kredit bekommen würde, bezweifelte ich. Ohnehin sträubte sich in mir etwas dagegen, Geld auszugeben, das mir nicht gehörte. Mein Leben lang hatte ich nur gekauft, wofür in absehbarer Zeit Geld da war. Sollte sich das ausgerechnet beim Thema Landsteuer ändern?

Draußen war es inzwischen dunkel geworden. Die Kerze auf dem Tisch vor mir erhellte den kleinen Raum. Neben der Kerze lagen der offene Umschlag und vier Bögen Papier: fünftausendfünfzig Dollar innerhalb von sechs Wochen.

Ich grübelte, wie das Geld zu beschaffen sei. Ob wir irgendetwas verkaufen könnten? Vielleicht diesen Wohnwagen! Ich schlug mir die Idee schnell wieder aus dem Kopf. Wahrscheinlich würden wir dafür nicht einmal fünfhundert Dollar bekommen.

Eine ganze Weile hatte ich reglos dagesessen und in die ruhige Flamme der Kerze geschaut. Dann schloss ich die Augen und faltete meine Hände. „Himmlischer Vater“, betete ich, „entschuldige, dass ich so nachlässig mit der Steuer war. Es ist meine Schuld, dass wir das Geld nicht zahlen können. Ich hätte eher daran denken und Geld zurücklegen sollen. Kannst du mir helfen? Bitte hilf mir! Wir brauchen das Geld.“

Von diesem Tag an wurde die Landsteuer fester Bestandteil meiner Gebetszeit. Ich bat Gott, einen Ausweg zu schaffen und versprach, mich in Zukunft besser zu kümmern. Auch die anderen auf dem Land beteten mit dafür, dass wir das Geld irgendwie zusammenbekommen würden.

Eine Woche, nachdem der Brief der Steuerbehörde bei uns eingegangen war, kamen Paul und Ruth Tay auf das Land. Sie besuchten uns schon seit Jahren und waren zu gern gesehenen Freunden geworden. Gary mochte sie besonders. Selbstverständlich mussten sie sich den Silvertrailer anschauen. Nach der gemeinsamen Sonntagsandacht wollten sie wieder abfahren.

Ich war gerade damit beschäftigt, das gemeinsame Mittagessen zuzubereiten, als sie in die Küche im großen Haus ka-

Natascha und ihr Mann wohnten im „Raccoon"

men. „Wir wollten uns noch verabschieden", sagte Paul. Seine Frau stellte einen Pappkarton auf den Tisch. Ihr Blick ließ mich ahnen, dass darin ein Geschenk war. „Und das ist auch für dich." Sie überreichte mir ein Kuvert. „Wollt ihr nicht wenigstens zum Essen bleiben?", lud ich sie ein. Sie wollten nicht.

Als ich allein war, öffnete ich den Umschlag. Ich traute meinen Augen kaum. Zehn Hundertdollarscheine steckten darin. Eintausend Dollar! Ich schaute in den Karton. Ein selbst gestricktes Wollcape lag darin. Das grelle Orange und Gelb gefielen mir nicht, aber mir war, als sagte mir Gott durch dieses wärmende Cape: „Du bist unter meinem Schutz, mein Kind."

Am Nachmittag verabschiedeten sich auch Natascha und ihr Mann. Als sie ihren Chevrolet in Richtung Highway steuerten und der Staub der unbefestigten Straße in eiligen Wolken hinter ihnen herzog, war ich sicher, dass diese Städter uns kein zweites Mal besuchen würden.

Ich war überrascht, als ich drei Tage später einen Brief von Natascha in der Hand hielt. Erstaunt las ich, dass ihnen die Zeit bei uns sehr gefallen habe. Ihr Mann hätte kürzlich geerbt, schrieb sie, und so seien sie übereingekommen, das Land mit tausendfünfhundert Dollar für anstehende Ausgaben zu unterstützen.

Wie Gott Gebete hört! Weder mit Paul und Ruth noch mit Natascha hatte ich über unsere Geldsorgen und die ausstehende Steuerzahlung gesprochen. Gott selbst musste es ihnen gesagt haben. Nun hatte ich plötzlich zweitausendfünfhundert Dollar. Eine Menge Geld, aber für die Steuerzahlung reichte es noch nicht. Doch Gott war noch lange nicht am Ende.

Rudi und Rosario aus Costa Rica waren gute Freunde von uns. Als sie nach vielen Anstrengungen endlich einen Käufer für ihr Grundstück gefunden hatten, standen sie vor der Frage, wohin sie den zehnten Teil des Kauferlöses in Höhe von fünfundzwanzigtausendfünfhundert Dollar spenden sollten, wie sie das bei all ihren Einkünften taten. Gott lenkte ihre Gedanken auf The Lord's Land, das das Geld so dringend benötigte.

Ich war überwältigt, als ich diese Spende erhielt. Nicht allein wegen der Menge des Geldes. Es war die Tatsache, dass Gott innerhalb von drei Wochen meine unverschämte Bitte um fünftausendfünfzig Dollar erhört hatte.

Froh und dankbar, mit jubelndem Herzen ging ich in den Silvertrailer und nahm den braunen Umschlag aus dem Regal, in das ich ihn gelegt hatte. Ich unterschrieb das Formular und bestätigte die vollständige Zahlung der Landsteuer zum 1. März. Es war das erste und letzte Mal, dass Gott selbst meine Steuern zahlte.

Geld für Isabell

Kalifornien, 1983–85

Ich saß neben Isabell auf dem Bett. Die kleine Joya lag unter der Decke und drehte sich leise schnaufend auf die andere Seite. Sie durfte noch schlafen. Isabell und ich waren früher als sonst aufgestanden. Nach fünf Jahren würde Isabell heute Jamie wieder in ihre Arme schließen.

Wir hatten vieles vorbereitet. Lief alles wie geplant, würde Jamie 14.45 Uhr bei uns eintreffen. Erinnerungen stiegen auf. Schon einmal war alles für einen herzlichen Empfang hergerichtet gewesen, doch Jamie war letztlich nicht gekommen.

„Wie es wohl sein wird?" Isabell sah mich an. In den zarten Gesichtszügen der zierlichen, blonden Frau stritten Freude und Sorge miteinander. Vier Jahre hatte sie ohne Joyas Vater gelebt, in den sie sich sechs Jahre zuvor verliebt und der sie geliebt hatte. Hinter ihr lag eine Zeit getrennt von jenem Mann, der bald zu viel trank und ihr oft drohte. Sie hatte ohne den Mann gelebt, der sie mit dem Gürtel schlug, wenn ihn ein beliebiger Anlass in Rage brachte.

Wegen der Beteiligung an einem gescheiterten Banküberfall war Jamie zu drei Jahren Haft verurteilt worden. Bereits vor einem Jahr hätte er wieder auf freiem Fuß sein können. Doch er hatte versucht, sich im Gefängnis durch Drogenschmuggel ein Zubrot zu verdienen. Dafür bekam er zwölf Monate obendrauf.

Isabell war schon vor Jamies Verhaftung mit Joya aufs Land gekommen. Sie hatte es nicht mehr mit ihm ausgehalten und war froh, bei uns einen Platz zu finden, an dem sie in Ruhe leben konnte. Doch das war nicht alles. In unserer Gemeinschaft und während gemeinsamer Andachten lernte sie Jesus kennen. Vieles von dem, worüber wir sprachen und was wir in der Bibel lasen, war ihr fremd. Und doch fand sie in dieser Fremde etwas wie Heimat.

Wenn sie Jamie hin und wieder im Gefängnis in Santa Rosa besuchte, erzählte sie ihm, dass sie sich jetzt bei Gott zu Hause fühlte und wie sehr sich dadurch ihr Leben verändert hatte. Auf dem Land beteten wir gemeinsam für ihn, dass auch er diese Heimat finden würde.

Etwa ein halbes Jahr vor seinem zweiten Entlassungstermin schrieb Jamie erstmals einen Brief an Isabell. Wegen des missglückten Schmuggelversuches war er in Isolationshaft gekommen. Nach dreizehn Tagen, in denen er mit keinem Menschen reden konnte und auch sonst keine Ablenkung hatte, brach er zusammen. „Die Wände wurden langsam schwarz und kamen immer näher“, schrieb er ihr. „Ich kauerte am Boden und wusste, es würde nicht mehr lange dauern, bis sie mich zermalmten.“ In dieser Situation betete er zum ersten Mal. Jamie schrie zu Gott um Hilfe.

Es fiel ihm schwer zu beschreiben, was dann geschah. „Der Raum wurde wieder hell. Wie wenn nach dem Abspann im Kino langsam das Licht angeht. Er wurde hell wie von tausend Mittagssonnen“, schrieb er. „Auch der Druck war weg. Es war, als ob Gott neben mir in der Zelle stand. Ich wusste, ich war nicht allein.“

Isabell und ich hatten uns in den Armen gelegen. Sollte es wahr sein? Sollten unsere Gebete tatsächlich erhört worden und Jamie, wie er schrieb, Christ geworden sein? Dann konnte Gott ihn sicher auch vom Alkohol befreien. Isabell meinte, sie könnten vielleicht eines Tages doch heiraten. Voller Hoffnung luden wir Jamie ein, nach seiner Entlassung zu uns aufs Land zu kommen.

Jetzt, kurz vor Jamies Rückkehr, wurde Isabell unsicher. Ob er sich wirklich verändert hatte?

Wir standen vom Bett auf und umarmten uns. Wir wollten die letzten Vorbereitungen für Jamies Ankunft treffen. Joya drehte sich noch einmal auf die andere Seite und schlief weiter.

Nicht weit vom Großen Haus, in dem ich mit Isabell und drei anderen Frauen wohnte, die es bei ihren gewalttätigen Männern nicht mehr ausgehalten hatten, gab es ein winziges Haus. Es war ursprünglich zum Spielen für die Kinder gedacht. Im Laufe der Zeit war es immer weiter ausgebaut worden. Dort sollte Jamie wohnen, denn das Häuschen stand leer, war allerdings hoffnungslos verdreckt und verstaubt.

In den letzten beiden Tagen hatten Isabell und ich es gründlich entrümpelt und uns gemüht, Ordnung zu machen. Wir hatten zerbrochene Stühle entsorgt und gebrauchte, gut erhaltene Möbel hereingebracht und die Hütte wohnlich eingerichtet. Eine zerbrochene Scheibe hatten wir ersetzt. Jetzt wollten wir alles noch einmal gründlich putzen und zur Begrüßung Blumen und einen Kuchen auf den Tisch stellen. Jamie sollte wissen, dass er willkommen war.

Jamie kam und zog in die kleine Hütte ein.

Wir waren froh, dass er bald in der Nähe eine Anstellung als Gärtner fand und etwas Geld verdienen konnte. Regelmäßig kam er zu den Andachten und begleitete unsere Lieder auf seiner Gitarre. Isabell lebte weiterhin mit den anderen Frauen im großen Haus. Nach etwa einem Jahr entschieden sich Isabell und Jamie, es noch einmal miteinander zu wagen. Sie heirateten und zogen in ein kleines Haus in Fort Bragg.

Je länger sie dort wohnten, umso trauriger und trostloser wurden die Nachrichten, die wir von ihnen erhielten. Jamie verlor seine Arbeit. Bald wurde das Geld knapp. Isabell bekam ein zweites Kind und wurde kurz darauf erneut schwanger. Jamie kümmerte sich kaum um sie und die Kinder. Er fing wieder an zu trinken.

Es schmerzte mich, das wachsende Elend mit anzusehen. Alle zwei Wochen fuhr ich in das heruntergekommene Haus in Fort Bragg und versuchte ein wenig Freude hineinzutragen. Oft ging ich selbst niedergeschlagen wieder hinaus, weil ich nichts ändern konnte.

Eines Morgens, ich war wenige Tage zuvor bei Isabell gewesen und wollte sie erst im nächsten Monat wieder besuchen, sprach Gott mich an. Ich räumte gerade das Geschirr vom Frühstückstisch, da war es, als sagte er liebevoll und bestimmt zugleich zu mir: „Fahr nach Fort Bragg. Gib Isabell dein Auto, damit sie ihre Besorgungen machen kann, und kümmere du dich heute um die Kinder."

Obwohl ich mir für diesen Tag die Wäsche vorgenommen hatte, spürte ich, dass es für mich in diesem Moment nichts Sinnvolleres gab, als genau das zu tun.

Isabell war überrascht, mich zu sehen. Jamie hatte die Nacht nicht zu Hause geschlafen und war auch am Morgen nicht zurückgekommen. Nach einigem Zureden nahm Isabell meinen Wagen und fuhr davon.

Das Haus, in dem sie mit ihren drei Kindern wohnte, war wirklich armselig. Weil sie das zerschlissene Sofa und die zwei Sessel unter bunten Tüchern versteckt hatte, fiel das nicht sofort auf, wenn man hereinkam. Beim genauen Hinsehen entdeckte ich in den Ecken der Räume Mäusedreck. Der Kühlschrank war alt und ratterte so laut, dass ich ihn beinahe nicht vom Rasenmäher des Nachbarn unterscheiden konnte. Glühlampen hingen ohne Schirm in ihrer Fassung, einige gaben kein Licht. Die Türen bewegten sich in den Angeln wie Vogelscheuchen im Wind. Ich ging und kaufte ein paar frische Lebensmittel ein. Als ich das Mittagessen zubereitete,

Holzhütte auf dem Land

wunderte ich mich, warum das Wasser nicht heiß wurde. Von vier Herdplatten funktionierte nur eine.

Als Isabell am Abend zurückkam, hatte ich mit ein paar Tricks ein leckeres Essen gekocht, den Tisch für drei Personen gedeckt und eine Kerze angezündet. Isabell versorgte die Kinder und brachte sie ins Bett. Dann aßen wir allein. Jamie kam auch an diesem Abend nicht nach Hause.

Ein Jahr später rief Isabell mich an. Beinahe hätte ich das Klingeln wegen des Staubsaugerlärms überhört. Isabell sprach hastig: Sie habe ein Angebot bekommen, in ein größeres, besseres Haus zu ziehen, mit Garten dahinter. Die Miete sei kaum höher als jetzt. Nur brauche sie für die Kaution schnell fünfhundert Dollar. Letzte Woche sei ihr Onkel gestorben. Er hinterlasse ihr Geld. Sie könne in spätestens ein oder zwei Monaten alles zurückzahlen.

Ich war skeptisch und zögerte. Erst nachdem ich Isabell

versprochen hatte, mir die Sache gut zu überlegen und mit Gott darüber zu reden, hatte sie aufgelegt. Ich schaltete den Staubsauger aus. Als Isabell die fünfhundert Dollar nannte, war mir aufgefallen, dass das ziemlich genau der Betrag auf meinem Konto war. Mehr hatte ich nicht. Der Gedanke, meine letzten Reserven für Isabells Mietkaution herzugeben, behagte mir überhaupt nicht.

Wer weiß, wie viel Schulden Isabell noch bei anderen Leuten hat, mahnte ich mich selbst zur Vorsicht. Sie hatte mich noch nie um Geld gebeten. Dass sie wenig Geld hatte, war offensichtlich. Es war mehr als fraglich, ob ich die fünfhundert Dollar jemals zurückbekommen würde. Nein, ich hatte keine Lust, ihr das Geld zu geben.

Da mir klar war, dass Gott meine Gedanken für selbstbezogen halten musste, fragte ich ihn besser nicht nach seiner Meinung.

Als ich den Staubsauger einschalten wollte, erinnerte ich mich an mein Versprechen. „Ja, ich werde darüber beten“, hatte ich Isabell zugesagt. Ohne zu wissen, wo genau ich damit aufgehört hatte, saugte ich weiter den Teppich und in meinem Kopf rotierte der Gedanke, dass ich erst mit Gott über die fünfhundert Dollar reden sollte.

Ich schaltete den Staubsauger wieder aus und nahm stattdessen meine Bibel zur Hand, schlug sie auf und hatte Lukas 11 vor mir: „Bittet, und es wird euch gegeben; sucht, und ihr werdet finden; klopft an, und es wird euch aufgetan!“

Erst auf den zweiten Blick verstand ich, dass Gott mich direkt ansprach. Dieser Vers galt mir, auch wenn ich gerade nicht selbst der Bittsteller war. Wie das dunkle Rot eines reifen Weines, den man langsam in ein Kristallglas gießt, erfüllten seine Worte mein Denken. Wenn Gott sich bitten lässt – dass er das tatsächlich tut, hatte ich selbst oft erlebt – sollte ich dann nicht auch auf Isabells Bitte eingehen? Gott malte mir sein liebevolles und aufopfernd schenkendes Wesen vor Augen und bat mich, es ihm gleich zu tun.

Überwältigt und froh, dass Gott mich so unmittelbar angesprochen hatte, gefiel mir der Verlust meiner fünfhundert Dollar immer noch nicht. Gott gehorchen hieße, mein letztes Geld weggeben. Es war nicht das erste Mal, dass Gottes Reden genau in jene Richtung wies, die mir am wenigsten behagte. Gibt es eine bessere Art, Gott zu loben und ihn anzubeten, als gehorsam zu sein?, fragte ich mich selbst.

Ich gab Isabell das Geld – und bekam drei Monate später den vollen Betrag zurück.

Mister Nachtigall

Kalifornien, 1976/77

Entscheidungen sind die Weichen im Schienennetz unseres Lebens. Oft müssen wir schnell wissen, ob wir nach rechts oder links wollen. Bei wichtigen Entscheidungen frage ich gern Freunde um Rat oder Gott. Ich habe noch nie eine unmittelbar akustische Antwort von Gott bekommen, aber ich habe erfahren, wie er in meinem Inneren zu mir redet. Und ich habe erlebt, dass ich dann manchmal noch immer unsicher war, ihn recht verstanden zu haben.

So ging es mir auch, als ich am 24. und 25. Dezember 1976 von New York nach Kalifornien fuhr. Eigentlich hatte ich erwartet, an diesen Weihnachtstagen allein im Omnibus unterwegs zu sein. Doch es stellte sich heraus, dass schnell alle Sitze belegt waren.

Die Menschen in dem Bus waren so verschieden, dass mir während der Fahrt nicht langweilig wurde. Ich versuchte, die Geschichten hinter den Gesichtern zu erraten: Der Mann neben mir, der in sein Buch vertieft war, als gäbe es keinen Bus und keine Welt um ihn her – wen oder was hatte er in New York zurückgelassen? Die Frau auf dem Sitz hinter meinem, für die es nichts Schlimmeres gab als ihre Kopfschmerzen – wohin fuhr sie? Wer erwartete sie? Das Kind, das auf dem Schoß der Mutter schlief – auf welche Reise entführten es seine Träume, während der Bus über die Landstraße rollte?

Letztlich ist jeder auf der Reise, ging es mir durch den Kopf. Unser Leben gleicht einer Wanderung. Wir begegnen Menschen, treffen sie erneut oder verlieren sie aus dem Blick. Am Ende unserer Reise begegnen wir Gott.

Ich muss den Menschen davon erzählen, dachte ich. Sonst sind sie nicht vorbereitet.

Das friedliche Gesicht des Kindes im Schoß seiner Mutter vor Augen, drängte sich mir ein ganz anderes Bild auf: Ich sah die Falten und Runzeln einer alten Frau, deren Kopf sich nur schwach vom grauen Weiß des Kissens abhob, auf dem sie schwer atmend lag. Glatte Wände umstanden das Bett, doch keiner war da, der ihr von Gott sagte.

Mein lesender Nachbar war zu vertieft, als dass ich ihm von jener Begegnung am Ende seiner Reise erzählen konnte. Die Frau hinter mir betäubte ihre Kopfschmerzen. Aber die grauhaarige Sterbende, sie würde mir zuhören.

Es war in diesem heißen und überfüllten Bus auf der halben Strecke von New York nach Mendocino, da legte mir Gott aufs Herz, sterbenden Menschen seine Liebe weiterzugeben. Vom anhaltend monotonen Dröhnen des Motors waren meine Ohren fast taub. Doch Gott sprach deutlich zu meinem Herzen und: Ich wusste, was er von mir wollte. Um ganz sicher zu sein, dass es tatsächlich sein Wille für mich war, hätte ich gern ein Zeichen gehabt. Wie konnte ich sicher sein, dass ich mir diesen Auftrag Gottes nicht nur einbildete?

Fünf Tage später, ich bereitete eben das Mittagessen für die Leute vom Land zu, klingelte mein Telefon. Ron Garton, der Pastor der Presbyterianischen Kirche aus Mendocino war am anderen Ende der Leitung. Ob es auf dem Land jemanden gebe, der einen alten, schwerkranken Menschen pflegen könnte, wollte er wissen.

Ich war verblüfft. Ich konnte beinahe nicht glauben, dass Gott so direkt auf meine Bitte um eine Bestätigung antwortete.

„Ich kann das tun", sagte ich nach kurzem Zögern.

„Er heißt Mister Nachtigall", sagte Ron. Das also war Gottes Auftrag für mich.

Als ich Mister Nachtigall das erste Mal besuchte, wusste ich nicht mehr über ihn als seinen Familiennamen, die Adresse, dass er allein wohnte und bald sterben würde. Ich lief die Straße entlang zu seinem Haus. Es war ein kleines Haus, das sich von einem wuchernden Garten umgeben an den Hang duckte. Ich ging zur Tür und klopfte. Nichts passierte. Zaghaft drückte ich die Klinke herunter und betrat das Haus. Es war alles ordentlich und sauber. Die getünchten Wände blickten blass auf mich herab. Mir fiel auf, dass es im ganzen Haus keine Blumen oder Pflanzen gab. Kein Kaktus brachte Abwechslung auf die kahlen Bretter unter den gardinenlosen Fenstern. Die Regale, über und über mit Büchern und den Schriften bekannter Philosophen beladen waren, ließen erahnen, dass hier ein belesener Mann wohnte.

In dem kleinen Schlafzimmer, das durch einen schmalen Flur von der Küche getrennt wurde, saß Mister Nachtigall aufrecht in seinem Bett. Er hatte einen kantigen Kopf und eine hohe Stirn. Wildes schwarzes Haar umrandete sein faltiges Gesicht. Irgendwie erinnerte er mich an Lincoln. Die gewaltige Nase hätte seine Erscheinung vermutlich dominiert, wären da nicht die zwei kleinen lebendigen Augen gewesen. Kühl und ein wenig herausfordernd fixierte er mich. „Ich rede nicht viel." Er sagte es ruhig, nicht unfreundlich, aber bestimmt. Er schien es gewohnt zu sein, den Ton anzugeben.

Letztlich hielt die selbst verordnete Schweigsamkeit des Eigenbrötlers nicht lange vor. Zuerst zögerlich, kamen wir nach und nach immer mehr ins Gespräch, und während ich ihn wusch oder Essen für ihn zubereitete, erzählte ich ihm, was ich erlebt hatte. Bald kannte er meine ganze Geschichte und wusste, wie Gott mein Leben verändert hatte. Auch dass Gott mich zu ihm geschickt hatte, verschwieg ich Mister Nachtigall nicht. Je mehr ich von Jesus erzählte, desto nachdenklicher wurde er. Wir diskutierten. Ich las philosophische Schriften und er die Bibel.

Seit drei Wochen ging ich jeden Tag zu ihm. Ich stand gerade in der Küche und bereitete das Abendessen vor, da hörte ich, wie er leise zu sich selbst sagte. „Jetzt weiß ich, dass Gott weiß, dass ich ihn kenne."

Die Formulierung fand ich seltsam, aber ich wusste, dass sie für den ehemaligen Brückenbaumeister Gerry Nachtigall Großes bedeutete. Ich ging ins Schlafzimmer hinüber. Gerry saß auf der Kante seines Bettes. Den schweren Kopf vornüber geneigt wippte er mit dem Oberkörper und wiederholte immer wieder mit einer Stimme, deren Milde mir bisher verborgen geblieben war: „Jetzt weiß ich, dass Gott weiß, dass ich ihn kenne." Tränen der Freude liefen über mein Gesicht.

Von diesem Tag an wurde Gerry Nachtigall zusehends freundlicher. Er erzählte mir aus seinem Leben und ich erfuhr, dass seine Frau wegen seiner rechthaberischen und dominanten Art sieben Jahre zuvor mit der Tochter das Haus verlassen hatte.

Kaum zwei Wochen, nachdem mir Gerry von diesem Streit erzählt hatte, war mir, als würde er bald sterben. Schwer atmend saß er am Abend in seinem Rollstuhl. Obwohl ich wusste, dass er Jesus gefunden hatte und er die Begegnung mit Gott nicht scheuen musste, machte mich dieser Gedanke unruhig. Ich dachte, es wäre gut, in seiner Nähe zu bleiben. Irgendwann in der Nacht überwältigte mich die Müdigkeit und ich schlief auf dem alten Schaffell ein, das vor seinem Bett lag.

Er war der Erste, der am nächsten Morgen erwachte. „Was machst du denn hier?!", grüßte er mich barsch. Selbst ein wenig verwirrt gab ich unverblümt zur Antwort. „Ich dachte, du überlebst die Nacht nicht." Wir mussten lachen. Aber die Heiterkeit verschwand schnell wieder aus Mister Nachtigalls

Gesicht. „Gerry“, sagte ich, „zuvor solltest du noch eines tun.“ Er sagte nichts und ich zögerte weiterzureden. Sollte ich es wagen? Würde er mich wegschicken? Endlich nahm ich all meinen Mut zusammen: „Du musst deine Frau und deine Tochter um Vergebung bitten.“

Gerry sah mich an, durchdringend, mit stechenden Augen, wie am Tag unserer ersten Begegnung. Er sagte noch immer kein Wort. „Du musst dich bei ihnen entschuldigen“, sagte ich. Da bäumte sich sein schwacher Körper im Bett auf. Ich konnte sehen, wie dieses eine Wort im tiefsten Grund seiner Seele gebildet wurde und sich langsam Bahn machte, um endlich mit Gewalt aus ihm herauszubrechen: „Nein!“ Und nach einer Pause „Nein, nein, nein.“ Er sank in sein Kissen zurück.

Es war ein Kampf der Gewalten: Versöhnung gegen Selbstgerechtigkeit.

Gerrys Stolz verbot ihm, Frau und Tochter noch einmal in diesem Haus zu begegnen. Er habe seit Jahren keinen Kontakt mehr und wisse keine Adresse, versuchte er mich abzuschütteln. Zwei Tage dauerte es, bis er endlich zuließ, dass ich die beiden suchte und einlud.

Bevor sie kommen konnten, war noch einiges zu tun. Da ich mit einem guten Essen für eine angenehme Atmosphäre sorgen wollte, musste ich nicht nur die Zutaten besorgen, sondern auch das armselige Repertoire an Besteck und Geschirr ergänzen, das der alte Eigenbrötler zu bieten hatte. Andernfalls hätten sich die drei zwei Teller teilen müssen.

Mit Spannung erwartete ich den Besuch der zwei Frauen.

Was dann an jenem Abend im Hause Nachtigall gesprochen wurde, weiß ich nicht. Aber ich bin sicher, dass Gerry, seine Frau und seine Tochter die Kraft der Vergebung erfahren haben. Gleich am nächsten Tag rief mich Mrs Nachtigall an und bedankte sich. Gerry ging es von da an zunehmend besser. Von der Last des Unfriedens befreit, erholte sich sein Körper so weit, dass er meine Hilfe letztlich nicht mehr brauchte und sogar seinen alten Ford wieder aus der Garage holte.

Auf der Fahrt von New York nach Kalifornien hatte Gott mir aufs Herz gelegt, sterbende Menschen zu begleiten. Dank seiner Führung war ich kurz darauf in dieses Haus gekommen, um einen todkranken Greis zu pflegen. Als ich es verließ, bewohnte es ein rüstiger Rentner, der Gott für seine Liebe dankte. Es war ein Wunder.

Handel mit Gott

Kalifornien – New York, 1975

Seit knapp sieben Jahren fühlten wir uns wohl auf dem Land, das ich damals für neununddreißigtausend Dollar gekauft hatte. Jetzt bot mir eine der großen amerikanischen Holzfirmen für den von uns ohnehin kaum nutzbaren Teil, den Nordhang, achtzigtausend Dollar.

Was andere vielleicht als normale Wertsteigerung ansehen würden, war für mich ein klares Zeichen der Güte Gottes. Denn das Angebot kam gerade in dem Augenblick, als ich mich entschieden hatte, nicht mehr vom Unterhalt meines Mannes zu leben, sondern aus der Hand Gottes. Das war für mich Grund genug, das gewonnene Geld wiederum für ihn einzusetzen.

Gospel Outreach hatte es sich zur Aufgabe gemacht, Menschen mit Jesus bekannt zu machen. Ich selbst bin durch einen ihrer Leute – Tommy – zum Glauben gekommen. Jetzt suchten sie ein Haus im zweitausendfünfhundert Meilen entfernten Brooklyn, um in diesem lauten, dreckigen und von zerstörten Beziehungen gezeichneten Teil der Weltstadt New York eine soziale Arbeit aufzubauen. Sie wollten ihr Leben mit heimat- und ruhelosen jungen Leuten teilen und ihnen so Gottes Liebe nahebringen.

Voll Freude darüber zu erleben, wie Gott für mich sorgte, erwarb ich nach dem Verkauf des Nordhangs für fünfzigtausend Dollar ein geeignetes Gebäude und stellte es Gospel Outreach für das geplante Projekt zur Verfügung. Schnell füllte sich das Haus nach der Modernisierung mit Leben und ich bekam jeden Monat fünfhundert Dollar Miete überwiesen. Davon bestritt ich meinen Lebensunterhalt. Ich war begeistert von Gott und von Herzen dankbar, dass er für mich sorgte.

Zwei Jahre nachdem ich das Haus gekauft hatte, kam aus New York die unerwartete Nachricht, Gospel Outreach werde in eine andere Gegend umziehen. Das Gebäude werde nicht mehr benötigt.

Was sollte ich mit einem Haus in New York?

Am Telefon hatte man mir gesagt, dass das Haus einen Wiederverkaufswert von nur noch ungefähr fünfunddreißigtausend Dollar haben sollte. Ich war entsetzt über dieses in Aussicht gestellte Verlustgeschäft. Ich sollte fünfzehntausend Dollar verlieren ... Dabei konnten wir auf dem Land etwas Geld gerade ganz gut gebrauchen. Mir war nicht klar, warum das Haus in Brooklyn innerhalb von zwei Jahren dreißig Prozent seines Wertes verloren haben sollte. Eigentlich, so dachte ich, konnte das nur einen Grund haben: Es war nicht ordentlich gepflegt und in Schuss gehalten worden.

Verunsichert und nicht ohne Groll gegen die Leute von Gospel Outreach bestieg ich einen Bus nach New York. Ich wollte die Sache selbst in die Hand nehmen.

Die Fahrt dauerte zwei Tage. In der mitgebrachten Zeitung hatte ich auch jene Meldungen schon gelesen, die ich sonst überging. Die vorbeiziehende Landschaft bot keine echte Abwechslung. Da begann ich, mit Gott zu reden. Nein, ich sprach nicht einfach mit ihm. Ich machte ihm Vorwürfe: „Was soll das, Gott?“, klagte ich. „Hast du nicht zugesagt, für mich zu sorgen? Wie kann es sein, dass ich für dich so viel Geld in ein Haus investiere und jetzt einen solchen Verlust mache?! Wieso spüre ich deinen Segen nicht, Gott?!“

Ich war wirklich aufgebracht. Mit keiner Silbe dachte ich daran, wie dankbar ich gewesen war, als die Holzfirma die unverschämte Summe von achtzigtausend Dollar für den Nordhang gezahlt hatte.

Doch Gott machte mir keine Vorhaltungen. Ganz leise hörte ich in mir eine Stimme, die sagte: „Sabine, hör auf, dich zu ärgern. Zergrüble dich nicht. Geld ist nicht wichtig. Der Friede ist das Wichtige."

Geld ist nicht wichtig, ging es mir durch den Kopf. Immer wieder: Geld ist nicht wichtig. Ein Satz wie aus einer anderen Welt.

Endlich erreichte der Bus New York und wenig später war ich in Brooklyn. Die dunkle Backsteinfassade meines Hauses machte einen intakten Eindruck. Sie stand in schönem Kontrast zu den weißen Rahmen der Fenster, deren Scheiben das Licht der untergehenden Sonne widerspiegelten. Sollte es tatsächlich nur fünfunddreißigtausend Dollar wert sein? Ich ging hinein. Eine junge Frau erwartete mich und gab mir den Schlüssel für ein kleines Zimmer, in dem ich die nächsten Tage wohnen sollte.

Als ich meine wenigen Sachen im Schrank verstauen wollte, merkte ich, dass die Kleiderstange fehlte und eine Tür nicht richtig schloss. Im Bad waren die Fugen schlecht versiegelt, der Wasserhahn tropfte. Das Fenster schloss nicht dicht und dämpfte kaum den Lärm der Straße.

Kaum zu fassen, dachte ich. Wen wundert es, dass der Wert des Gebäudes fällt, wenn sich niemand um seinen Erhalt kümmert?! Ich saß auf dem Bett und grübelte. Wer war für den miserablen Zustand dieses Hauses verantwortlich? Sollte ich gleich hinuntergehen und den Leiter des Projektes suchen? Oder sollte ich …

Geld ist nicht wichtig. Plötzlich war dieser Gedanke wieder in meinem Kopf. Auf dem Sitz des Busses war er irgendwie leichter zu denken gewesen. Hier stand er in unmittelbarem Widerspruch zum abblätternden Weiß der Fenster und der schief in ihren Angeln hängenden Schranktür. Ein Kampf tobte in mir. Es war doch mein Recht, das Haus mindestens verlustfrei zu verkaufen. Konnte es tatsächlich sein, dass Gott etwas anderes wollte? Der Gedanke war mir unerträglich. Ein Satz aus der Bibel kam mir in den Sinn: Eure Wege sind nicht meine Wege.

Es dauerte einige Zeit, bis ich aufrichtig beten konnte, „Ja, Herr, ich vertraue dir. Du hast eine gute Lösung. Geld ist nicht wichtig. Dein Friede ist wichtig."

Als ich am nächsten Morgen das Haus verließ, empfing mich wieder der schmutzig lebendige Lärm Brooklyns. Zeitungen und leere Dosen lagen auf dem Gehweg. Autos fuhren knirschend über Glasscherben. Herrenlose Hunde schnüffelten in Ecken, wo der Wind Unrat gesammelt hatte. Zu Fuß ging ich zur Pine Street. Hier sollte ich Bob und Irene treffen. Sie waren Christen und arbeiteten als Immobilienmakler. Ich fasste Vertrauen zu ihnen und übertrug ihnen die Exklusivrechte für den Verkauf des Hauses.

Die beiden hatten Erfolg. Es dauerte nicht lange und der erste Interessent betrat das Brown-Stone-Haus.

Mister Smith war leger gekleidet, trug helle Baumwollhosen und ein weites Hemd darüber. Er hatte etwas von der zerzausten Noblesse der Künstlertypen, die man hier in Brooklyn reichlich sah. Aber Mister Smith war kein Künstler, sondern Sozialpädagoge und von meinem Haus schnell begeistert. In einem Teil des Gebäudes wollte er ein betreutes Wohnen einrichten, den anderen vermieten. Es war nicht zu verkennen, dass er Gefallen an dem Objekt gefunden hatte. Mister Smith bot dreiundsechzigtausend Dollar.

Ich jubilierte. Ich war froh und dankte Gott. Er war so gut. Erst schickte er mich zu Bob und Irene und dann diesen Mann hierher. Voll Freude ging ich an diesem Tag aus dem Haus, das mich bald nicht mehr belasten würde. Ich besuchte ein ruhig gelegenes Café und genoss die Nachmittagssonne.

Als ich am Abend in mein kleines Zimmer zurückkehrte, war Mister Smith bereits zum zweiten Mal im Haus. Gemeinsam mit einem Architekten inspizierte er das Treppenhaus und einzelne Räume. Offensichtlich war ihm die Sache ernst und der Vertrag würde bald unterzeichnet.

In Gedanken schon wieder in Kalifornien, saß ich auf meinem Bett und las den aktuellen Rundbrief von Gospel Outreach, in dem berichtet wurde, dass für das Jugendprojekt ein neues Gebäude gefunden worden war. Das Telefon klingelte. Am anderen Ende meldete sich Bob. „Was gibt es?“, fragte ich erwartungsvoll. „Mister Smith kauft nicht.“

Pause.

„Die Investitions- und Umbaukosten seien zu hoch, meint sein Architekt.“ Es war ein kurzes Telefonat.

Lang lag ich danach wach auf meinem Bett und der Gospel-Outreach-Newsletter unbeachtet auf dem Boden. Wieso das alles, fragte ich mich. Wozu erst die Hoffnung, wenn nun doch wieder alles nichts war? Warum das, Gott?!

Und dann kamen sie wieder, die Vorwürfe gegen die Leute von Gospel Outreach. Dass die Investitionskosten zu hoch sind, hat doch nur einen Grund. Den schlechten Zustand des Hauses. Verantwortlich dafür sind die Leute, die das Gebäude in den letzten Jahren bewirtschaftet haben! In mir stieg erneut Groll auf, und der Frieden, den mir Gott schon einmal geschenkt hatte, war wie weggeblasen. Bis weit nach Mitternacht tat ich kein Auge zu.

Auch das klare Sonnenlicht des nächsten Morgens konnte die dunklen Wolken meiner Enttäuschung nicht vertreiben. Kaum hatte ich meine Augen geöffnet, umkreisten meine Gedanken erneut das Haus, in dem ich eben erwacht war, und ich klagte innerlich das miserable Management von Gospel

Ein Teil dieses Waldes wurde 1973 verkauft

Outreach an, das mir bald ein Verlustgeschäft einbringen würde.

Ich brauchte zwei volle Tage, bis ich bereit war, mich mit den Leuten von Gospel Outreach zu versöhnen. Es kostete Kraft und Gebet, meine Vorwürfe zu begraben und mein Vertrauen wieder voll und ganz auf Gott zu setzen. Es war für mich ein Gehorsamsschritt und das Eingeständnis, dass er den besseren Überblick hat.

Geld ist nicht wichtig. Gott wird für mich und das Land in Kalifornien sorgen.

Das waren Sätze, die ich in dieser Zeit buchstabierte, bis ich endlich wieder Gottes Frieden gefunden hatte.

Am dritten Tag meldete sich ein neuer Interessent. Er war Architekt. Als wir ihn bei der Besichtigung auf Mängel hinwiesen, winkte er ab. Das ließe sich mit seiner hauseigenen

Baufirma leicht in Ordnung bringen, meinte er. Wenige Stunden später unterschrieb er den Vertrag, und es blieb, von allen Abzügen bereinigt, ein Erlös von fünfzigtausend Dollar. Exakt der Preis, den ich zwei Jahre zuvor für dieses Haus bezahlt hatte.

Schrift im Sand

Kalifornien, 1974

Ich hatte Gary auf dem Jesus-Festival getroffen. Am Rande einer der vielen Großveranstaltungen unterhielten wir uns. Der aufgeschlossene, blonde junge Mann war begeistert von dem, was ich vom Land erzählte. Seit zwei Jahren lebte Gary konsequent nach Jesu Maßstäben. Er war fest entschlossen, gemeinsam mit seinem Gott und für ihn die Welt zu verändern. Als ich ihm von den Hippies erzählte, die zu uns aufs Land kamen und hier zum ersten Mal von Jesus hörten, und dass manche begannen ihm nachzufolgen, sagte er: „Sabine, was ihr macht, ist wonach ich suche."

Acht Monate später kam Gary zu uns aufs Land. Er war ein Künstlertyp und voller Energie. Er arbeitete Hütten auf, an denen der Zahn der Zeit genagt hatte. Krumme Holzstücke schliff er glatt, schnitt Bibelverse hinein und heftete sie an Bäume und Hütten. Eine von Garys Aufgaben auf dem Land war es, den anfallenden Müll auf eine nahe gelegene Deponie zu schaffen. Manchmal kam er mit halb so vielen Sachen zurück wie er zuvor weggebracht hatte. Er fand immer Kostbarkeiten auf der Müllhalde, die er nicht zurücklassen konnte. Manches Mal staunten wir, was Gary aus alten Metallteilen und zerbrochenen Stühlen für „Kunstwerke" hervorbrachte oder wie er Defektes wieder instand setzte.

Wenn wir auf dem Land nach erledigtem Tagewerk am Lagerfeuer zusammensaßen, erzählten wir uns gern verrückte Dinge, die wir erlebt hatten. Gary war dabei eher zurückhaltend. Manchmal sprach er davon, wie streng und gefühlskalt seine Mutter gewesen sei.

Einmal, so erzählte er, hatte er vom Vater eines Klassenkameraden ein kleines Lamm geschenkt bekommen. Gary liebte das kleine, schutzbedürftige Wesen vom ersten Augenblick an über alles. Er war überglücklich, als seine Mutter ihm erlaubte, es zu behalten. Auf der Wiese hinter dem Haus brachte er es in einem eilig zusammengezimmerten Verschlag unter, der mehr Holzkiste war als Stall. Nach der Schule rannte Gary zuerst zur Kiste, nahm das Lamm auf den Arm, flüsterte ihm Freuden und Nöte ins Ohr und grub seine Hand fest in das weiße, weiche Fell. Eines Tages war der kleine Stall leer. Als sich Gary im Garten suchend nach dem Lamm umsah, entdeckte er es kopfüber an der Wäschestange hängend. Aus dem Schnitt durch die Kehle tropfte noch Blut.

Wenn Gary von seiner Mutter sprach, blieb eigentlich nie ein gutes Haar an dieser Frau. Nicht selten war von dem abgebrochenen Besenstiel die Rede, mit dem sie ihren Sohn für große und kleine Untaten strafte.

Gary war ein sensibler Mann. Ich mochte ihn und er schätzte mich. Seit er bei uns auf dem Land wohnte, nannte er mich Mama Bine. Für kleine Dinge, einen frisch gepflückten Blumenstrauß auf dem Essenstisch etwa oder ein schlichtendes Wort bei Meinungsverschiedenheiten lobte er mich und machte mir Komplimente. Alle Abneigung gegen seine Mutter schien er in Sympathie für mich zu wandeln. Ich glaube fast, er verehrte mich.

Es gab aber auch Momente, in denen sich seine Begeisterung komplett ins Gegenteil verkehrte. Von allem zuvor bejubelten Glanz und Gloria blieb nichts übrig und er fand an mir nur noch Schlechtes.

An einem Montag wollte ich zum Einkaufen ins zwanzig Meilen entfernte Fort Bragg fahren. Es war ein schöner Sommertag und ich freute mich auf die Fahrt entlang der Küste. Wie immer hatte ich eine lange Liste mit Besorgungen.

Wir brauchten wieder Milch und Käse. Die Gasflaschen, mit denen wir unseren Herd betrieben, mussten neu befüllt werden und die Hühner brauchten frisches Futter. Ich war froh und freute mich auf den Nachmittag in der Stadt. Auf dem Weg zum Auto traf ich Gary. „Kann ich dir etwas aus Fort Bragg mitbringen, brauchst du irgendetwas?“, fragte ich ihn.

Gary blieb stehen und guckte mich an. Sein eben noch freundliches Gesicht erstarrte und er sah mich an, als hätte ich ihn zutiefst gekränkt. „Was willst du von mir!“, sagte er unwirsch. „Wer bist du eigentlich, dass du glaubst, mich immerzu bevormunden zu können.“

Ich verstand die Welt nicht mehr. Ich hatte Gary doch einen Gefallen machen wollen. Hatte ich etwas Falsches gesagt? Ich hatte keine Zeit, darüber nachzudenken. Gary war noch nicht am Ende. „Weißt du“, fuhr er mich an, „ich komme ganz gut allein klar. Ich brauche deine Fürsorge nicht.“ In der kalifornischen Nachmittagssonne standen wir uns auf einem Sandweg gegenüber. Beide zitterten wir leicht, Gary mit zornrotem Gesicht und ich bangen Herzens.

Ich wünschte mir, es wäre jemand in der Nähe, der Gary beruhigen könnte, aber da war niemand. Schweigend standen wir uns gegenüber. Dann ging ich die drei Schritte, die der plötzliche Hass zwischen uns gebracht hatte, auf Gary zu und umarmte ihn. Still ließ er es geschehen.

„Es ist gut“, sagte ich. „Es ist gut.“ Während ich Gary zu beschwichtigen suchte, hatte ich selbst Angst vor diesem Mann. Er war unberechenbar, und ich wusste nicht, ob und wie sich seine Wut im nächsten Moment entladen würde. Im Stillen betete ich zu Gott, er möge seinen Frieden auf uns legen.

Nichts geschah. Vielleicht standen wir eine halbe Minute auf dem Weg, vielleicht war es kürzer. Dann löste Gary sich aus meinen Armen, drehte sich um und ging hastig, ohne ein Wort, in die Richtung zurück, aus der er gekommen war.

Ich blieb allein auf dem Weg, unfähig zu gehen. Mir war elend zumute. Erst jetzt bemerkte ich, dass mir das Herz bis zum Hals schlug. Ich war schwach. Wie auch in anderen Situationen, in denen Gary mich angegriffen hatte, war ich ratlos.

Sollte der sonst so umgängliche Gary das Land nicht aus irgendeinem Grund verlassen, musste ich auch diese Launen ertragen. Im Stillen fragte ich Gott, warum er solche Situationen zuließ. Während ich meine Gedanken als Gebet formulierte, kam eine Frage in meinen Kopf: Wofür sind diese Situationen gut?

Mutete Gott mir Garys Wut zu, um die Tiefe seiner Verletzung zu erkennen und zu lernen, ihm auch in solchen Momenten mit Gottes Liebe zu begegnen?

Langsam ging ich zurück zu meiner Hütte. Die Freude auf die Fahrt nach Fort Bragg war so schnell verflogen wie das Lächeln in Garys Gesicht. Das Hühnerfutter und die Gasflaschen konnten warten. Traurig setzte ich im losen Sand einen Fuß vor den anderen und wirbelte kleine Staubwolken auf.

Da zog ein Glänzen auf dem Weg meinen Blick auf sich. Ich ging näher heran und erkannte, dass etwas Metallisches das Sonnenlicht reflektierte. Ich bückte mich und hob ein kleines Messingschild auf.

„No weapon formed against you shall prosper." Die ersten Worte des siebzehnten Verses aus Jesaja 54 waren akkurat in das harte Material geschnitten und hoben sich deutlich ab: „Keiner Waffe, die gegen dich geschmiedet wird, soll es gelingen, und jede Zunge, die sich gegen dich erhebt, sollst du im Gericht schuldig sprechen. Das ist das Erbteil der Knechte des Herrn und ihre Gerechtigkeit von mir her, spricht der Herr."

Das Messingschild besitzt Sabine noch heute

Ich stand still auf dem Weg. Mit meiner rechten Hand hielt ich das Messingstück fest umschlossen. Mir war dieser Vers in der Bibel bisher nicht aufgefallen. In diesem Moment aber erreichte mich seine Botschaft. Meine Angst wich und ich fühlte mich sicher. Wie auch immer dieses Schild hierher gekommen war. Ich war sicher: Gott hatte mein Rufen gehört. Er hatte meine Angst gesehen und mir geantwortet. In tiefer Ehrfurcht stand ich auf dem Sandweg, überwältigt von Gottes unmittelbarer Antwort. Er hatte mich gesehen. Er hatte mein Gebet erhört, der lebendige Gott. „Danke, Herr!", sagte ich halb laut, drückte das Messingschild in meiner Hand etwas fester und ging zum Auto.

Topless

Kalifornien, 1972 – 1975

Greta und Monique wohnten bei uns auf dem Land. Obwohl Moniques Haut weiß wie Schnee war und Gretas die Farbe eines Milchkaffees hatte, waren sie sich sonst in vielem ähnlich. Beide hatten erst vor Kurzem das College erfolgreich verlassen. Beide hatten ein Kind, dessen Vater aber aus den Augen verloren. Beide verdienten das Geld, das sie zum Leben brauchten, durch den Verkauf selbst genähter Kleider und Taschen.

Nach einem halben Jahr hatten sie genug vom Leben auf dem Land. Sie liebten die Freiheiten, die wir genossen, fanden unseren Lebensstil aber alles in allem zu eintönig. Zudem waren in letzter Zeit immer wieder Christen aufs Land gekommen und alle diskutierten heftig über religiöse Fragen; Greta und Monique langweilte das nur.

Nach kurzer Suche fanden sie ein Haus im vier Meilen entfernten Mendocino und zogen gemeinsam dort ein. Sie lebten weiter von dem was sie mit ihrer Schneiderarbeit verdienten. Da sie jetzt zusätzlich die Miete für das Haus aufbringen mussten, reichte das Geld nur knapp.

Abends gingen die beiden auf alle Partys und Feten, die die Stadt zu bieten hatte. Sie tanzten und feierten und ließen sich ihre Drinks von Männern bezahlen, die nah an sie heranrutschten, um bessere Einsicht in ihr Dekolleté zu haben. Es gab wohl keine Spielart des amerikanischen Nachtlebens, die die zwei Freundinnen nicht ausprobiert hätten. Sie rauchten Hasch und Marihuana, tranken Wein und Cocktails und hatten sich am nächsten Morgen viel über die letzte Nacht zu erzählen, von rauschenden Festen und glühenden Beschwörungen zahlreicher Verehrer. Nach solchen Verausgabungen schliefen sie lang. Am Nachmittag war immer noch genügend Zeit zum Arbeiten.

Sechs Wochen, nachdem Greta und Monique das Land verlassen hatten, geschah etwas für mich Entscheidendes: Ich diskutierte sieben Tage lang mit Tommy.

Eigentlich war mir die plötzliche Euphorie vieler Leute auf dem Land für christliche Ideen suspekt und ich hatte gehofft, diese Begeisterung würde sich bald verflüchtigen wie der Rauch einer eben ausgeblasenen Kerze. Doch dann saß ich selbst Stunde um Stunde mit Tommy in meinem Haus und sprach mit ihm über Gott. Tommy sagte mir, dass einer sein Leben aufgegeben hatte, damit ich von meinen Lasten befreit werden könnte. Gemeinsam beteten wir, und es wurde wahr, was ich nie zuvor für möglich gehalten hatte. Ich wurde Christin und war am Ziel meiner neunjährigen Sinnsuche seit der Scheidung von Cliff.

Das Land veränderte sich in dieser Zeit grundlegend. Harte Rockertypen hörten dem Pastor zu, der uns ab und an besuchte. Sie waren von den Bibeltexten so berührt, dass sie über ihre Entfremdung von Gott weinten und am abendlichen Lagerfeuer Lieder zur Ehre des Schöpfers der Welt sangen. Auch ich redete nun ständig von Jesus und der Freude, die in meinem Herzen war, seitdem ich mich mit Gott versöhnt hatte. Auch Monique und Greta erzählte ich davon, wenn ich sie in Mendocino besuchte. Ich glaubte hinter ihrem Partyleben die Sehnsucht nach Liebe und Geborgenheit zu erkennen. Vielleicht könnte ich ihnen helfen, genau das bei Jesus zu finden, so wie ich es bei ihm gefunden hatte?

Ich stieß auf taube Ohren. Die beiden wollten nichts von meinem „christlichen Trip“ wissen, wie sie meinen Glauben an Gott nannten. Greta und Monique waren in der Stadt bekannt und beliebt. Das war, was für sie zählte. Nach zwei Jahren kannten sie alle Bars und viele Männer. In Mendocino gab es für sie nichts Neues mehr zu erleben.

Greta zog mit Amber, ihrer inzwischen dreijährigen Tochter, nach Los Angeles. Weil sie dort vom Schneidern nicht leben konnte, nahm sie einen Job im Nachtclub an. Zu Zeiten, da sie in Mendocino zum Tanzen ausgegangen war, musste sie jetzt zur Arbeit. Ihr Geld verdiente sie damit, andere in Feierlaune zu bringen.

Männer und Frauen – wahrscheinlich mehr Männer als Frauen – saßen im Halbdunkel an kleinen, runden Tischen. Sie tranken, lachten, unterhielten sich und grölten, während Greta auf der Bühne tanzte. Gretas Choreografie war nicht der Mittelpunkt der Show. Worauf es ankam, war ihr spärlich oder nur jenseits des Bauchnabels bedeckter Körper.

Greta hatte Spaß daran. Sie genoss die langgezogenen Pfiffe und Komplimente der Männer. Begeistert erzählte sie mir davon am Telefon. Als ich sie fragte, wie sie es schaffe, tagsüber für ihre Tochter zu sorgen, wenn sie gegen vier Uhr morgens todmüde ins Bett falle, war die Antwort unmissverständlich kurz: ein Knacken in der Leitung – sie hatte aufgelegt.

Vielleicht zehn Wochen nach diesem Telefonat wählte Greta erneut meine Nummer. Es war fünf Uhr morgens, als mein Telefon klingelte und Greta sich völlig verstört meldete. Im Hintergrund waren Musik und Stimmengewirr zu hören. „Ich halte das nicht mehr aus“, schluchzte sie. Es dauerte eine Weile, bis ich begriff, mit wem ich sprach. Sie weinte, drohte hysterisch, sich umzubringen, und ich wusste nichts zu sagen. „Du musst mir helfen“, flehte Greta. „Ich gehe unter.“

„Du packst jetzt deine Sachen.“ Ich verbarg meine Furcht und Unsicherheit. So bestimmt wie möglich sagte ich: „Dann nimmst du den nächsten Bus und kommst mit Amber zu mir aufs Land. Hast du mich verstanden?“

Alte Fotografien erinnern an die Menschen auf dem Land

„Ja." Die Stimme am anderen Ende der Leitung schien Halt gewonnen zu haben. Als ich aufgelegt hatte, zweifelte ich, dass Greta tatsächlich den Mut und die Kraft aufbringen würde, Los Angeles zu verlassen.

Tatsächlich tauchten Greta und Amber am späten Vormittag desselben Tages bei uns auf. Mutter und Tochter waren übermüdet und sahen abgekämpft aus. An der einen Hand hielt Greta ihre Tochter, in der anderen hatte sie einen Koffer. Gemeinsam mit dem Rucksack auf ihrem Rücken war das ihr ganzes Gepäck. Sicher hatte sie nur schnell das Wichtigste in den Koffer geworfen. Ein T-Shirt war beim Zuklappen zwischen die Deckel geraten. Der Ärmel hing aus dem Koffer heraus.

Wir gingen in meine Hütte. Ich kochte Tee und wir setzten uns an den Tisch. Greta sagte kein Wort darüber, was sie wenige Stunden zuvor in panische Angst versetzt hatte. Ich spürte, dass sie froh war, angekommen zu sein. Amber war von der letzten Nacht weniger geschafft als ihre Mutter. Sie sprang im Zimmer auf und ab, warf sich auf umherliegende Kissen und zog an der Tischdecke. Bald ging die erste Tasse zu Bruch.

Greta und ich konnten uns kaum unterhalten. Nach jedem zweiten Satz zog Amber durch einen neuen Streich unsere Aufmerksamkeit auf sich. Letztlich schickten wir sie nach draußen, um Ruhe zu haben. Es dauerte nicht lange und Amber kehrte von ihrem Streifzug zurück. In ihren kleinen Händen hielt sie fünf geschlossene Tulpenblüten. Die Zwiebeln hatte ich im letzten Herbst ins Beet gesteckt und mich gefreut, als vor zwei Wochen das erste Grün sichtbar wurde. Jeden Tag schaute ich die Tulpen an und wartete sehnsüchtig auf den Augenblick, da sie ihre Farbenpracht voll entfalten würden. Auf die fünf Tulpen in Ambers Hand brauchte ich nun nicht mehr zu warten. Ihr Leben war zerstört.

Langsam kamen Mutter und Tochter zur Ruhe. Je länger sie auf dem Land waren, umso mehr blühten sie auf. Die beiden wohnten im sogenannten Schwesternhaus. Den Platz teilten sie sich dort mit drei weiteren Frauen und deren Kindern. Manchmal ging es in der Hütte etwas chaotisch zu. Es gab kein Bad und keine Toilette im Schwesternhaus, aber immerhin fließend kaltes Wasser. Nicht weit entfernt standen zwei Duschen. Wollten die Frauen warmes Wasser haben, mussten sie zuvor einen kleinen Holzofen in Betrieb nehmen. Das war nicht der größte Komfort, aber die Frauen waren froh, ein Dach über dem Kopf zu haben und auf dem Land in Ruhe und Frieden leben zu können. Für viele war das ein lang entbehrter Luxus.

Ich hatte die Hoffnung, dass diese Frauen durch Jesus auch innerlich zur Ruhe kommen würden und ihre Seelen Frieden finden könnten.

Tatsächlich entschied sich Greta nach einem Jahr, ihr Leben Jesus anzuvertrauen. Als sie dann zum zweiten Mal das Land verließ, war es nicht, weil ihr das Angebot an Partys und Bars zu klein war. Greta ging gemeinsam mit Amber nach Eurica und eröffnete dort eine christliche Tanzschule.

Ein Hilferuf

Miami, 1972

Das Flughafengebäude war schlecht klimatisiert. In den Hallen und Gängen herrschte dieselbe lähmende Schwüle, wie sie die Sonne Floridas über ganz Miami legte. Ich mochte dieses Klima nicht. Es strengte mich an. Auch die Zeit in dieser Stadt war strapaziös. Es hatte Kraft und Überwindung gekostet, überhaupt hierher zu kommen. Dann das Wiedersehen mit meinem ehemaligen und inzwischen wieder verheirateten Ehemann. Das kurze Gespräch, in dem ich ihn um Vergebung bat für meine Vorwürfe und abschätzigen Gesten wegen seiner Alkoholsucht. Die gespürte Distanz und sein halbherziges Verzeihen. All das war in meinem Kopf und würde wohl vorerst das Letzte sein, was ich von ihm erfuhr.

Ich war froh, Miami nun hinter mir zu lassen. Ich sah schon mein Flugzeug auf dem Rollfeld stehen und freute mich, bald zurück nach Kalifornien zu fliegen. Jemand vom Land würde mich abholen. Nach der Landung waren es noch drei Stunden Fahrt mit dem Auto und ich wäre endlich wieder daheim.

In Gedanken war ich bereits zu Hause. Da war mir, als hörte ich eine Stimme: „Sabine, bleib hier in Miami.“ Ich hielt inne. Was war das? Wer war das? Menschen, die zu demselben Flieger gingen wie ich, strömten an mir vorüber. Keiner von ihnen hatte mich angesprochen. War es nur Einbildung?

„Bleib in Miami.“ Der Eindruck war zu deutlich, als dass ich ihn ignorieren konnte. Aber wozu, fragte ich mich. War es nicht genug gewesen, dass ich mein letztes Geld für den

Flug hierher ausgegeben hatte, um mich bei Cliff zu entschuldigen? Meine Mission war beendet. Ich wollte endlich wieder nach Hause. Ich brauchte jetzt meine Ruhe!

Auch durch all die blitzschnell vorgebrachten Argumente ließ sich der Eindruck nicht verwischen. Ich wünschte mir ein Zeichen, ob das, was ich gehört hatte, Einbildung oder Gottes Reden war. Mein Blick fiel auf einen Fernsprecher. Ohne feste Vorstellung und besondere Erwartung ging ich zu der roten, an der Wand befestigten Metallkiste, nahm den Hörer in die Hand und wählte die Nummer des kleinen schwarzen Apparates, der auf dem Land unser einziges Telefon war.

Jenny meldete sich. „Hallo Jenny, der Flieger startet gleich. Ihr kommt wie vereinbart, mich abzuholen?"

„Gut, dass du anrufst, Sabine." Ich hörte Erleichterung am anderen Ende der Leitung. „Wir wussten nicht, wie wir dich erreichen sollten. Der Wagen ist defekt. Wir können nicht kommen und dich abholen. Gut, dass du dich meldest."

Ich lauschte in den Hörer, aber Jenny sagte nichts weiter. Mehr musste ich nicht wissen. Mir war das genug, um zu wissen, dass Gott mich für diesen Moment noch in Miami haben wollte, warum auch immer.

Als ich vor der Wohnungstür der Newmans stand, wurde ich unsicher. Es waren keine drei Stunden vergangen, seitdem ich mich von meinen Gastgebern der letzten Tage verabschiedet hatte. Wie sollte ich ihnen meine Rückkehr erklären?

„Gott braucht mich noch in Miami", sagte ich, nachdem sich die Tür geöffnet hatte. Zu meiner Verwunderung waren die Newmans nicht überrascht. Auf dem zwischenzeitlich abgezogenen Bett sitzend betete ich und stellte Gott die Frage, die mich beschäftigte. Warum bin ich jetzt hier?

„Sieh die Donna", war seine Antwort. Sie war nicht lauter oder deutlicher als zuvor die Aufforderung, den Flieger allein fliegen zu lassen. Aber sie war auch nicht leiser. „Sieh die Donna."

Donna Freeman kannte ich von früher. Sie war die Tochter des Jachtklubbesitzers, für den ich gearbeitet hatte, ehe ich Cliff kennenlernte und später heiratete. Ich hatte sie als offene Frau erlebt, die ihre auf den Partys millionenschwerer Gastgeber zur Schau gestellte Lebensfreude teilweise Alkohol und Tabletten verdankte – bis eines Tages der Genuss zur Sucht wurde und ihre ausgelassene Heiterkeit in chronische Depression umschlug. Zu ihr also schickte mich Gott.

Donna bewohnte eine elegante Eigentumswohnung in einem zehnstöckigen Wohnhaus unmittelbar am Atlantikstrand. In einem Hausboot, das ganz in der Nähe lag, lebte ihr Vater. Ich fuhr mit dem Aufzug bis zur fünften Etage hinauf und klingelte an Donnas Wohnung. Darye, ihre Tochter, öffnete. Sie schaute ungläubig als sie die Tür zaghaft einen Spalt breit öffnete. Mich hatte sie nicht erwartet. Ich betrat den Korridor. Darye erzählte mir, dass Donna ihre Wohnung seit zwei Jahren nicht mehr verlassen hatte. Zwei Selbstmordversuche vom Dach des Hauses waren die einzige Ausnahme. In der kommenden Woche sollte sie zur Schocktherapie ins Krankenhaus eingeliefert werden. Es sei ihre letzte Chance, hatte der Arzt gesagt.

Die Tochter deutete mit dem Finger auf die Tür zu Donnas Zimmer. Als ich zu ihr kam, saß sie im Nachthemd auf ihrem Bett. Die Decke war ein wirres Knäuel am unteren Ende der Matratze. Die Beine angezogen saß sie den Rücken an die kahle Wand gelehnt. Ich setzte mich zu ihr. Donnas Blick ging in die Weite des Raumes, ohne darin Halt zu finden. Obwohl ich bald merkte, dass meine Worte sie nicht erreichten, redete ich ruhig mit ihr. Ich erzählte ihr, wie Gott in mein Leben gekommen war und es völlig verändert hatte. Ich bat

Stadtansicht von Miami um 1973

sie, ihn nicht länger zu ignorieren. Er könne sie frei machen von Sucht und Sünde, sagte ich ihr.

Nach zwei Stunden, in denen nur ich geredet hatte, schien meine Botschaft sie endlich erreicht zu haben. Donnas Antwort jedoch erschreckte mich. Zwischen den vom verkrampften Kiefer aufeinandergedrückten Zähnen presste sie mit rauer Stimme hervor: „Es ist zu spät. Es ist zu spät für mich. Geh zu meinen Töchtern."

Ich blieb, saß neben ihr auf dem Bett, hielt sie im Arm und betete für sie. Ich betete, dass Gott sie befreien möge.

Am nächsten Tag kam ich zurück. Meine Freundin Ginger, die in Miami wohnte, begleitete mich. Nun waren wir zu dritt in dem dunklen Raum. Donna kauerte auf ihrem Bett wie am Vortag und Ginger und ich sprachen mit ihr und versuchten, ihren schmalen Lippen ein paar Worte zu entlocken. Wir lasen ihr Texte aus der Bibel vor und beteten für sie. Wir waren überzeugt, dass Gott den Käfig sprengen konnte, in dem sich Donnas Gedanken endlos im Kreis bewegten wie ein Löwe in einem zu kleinen Gehege. Donna blieb unberührt und sah stumm vor sich hin. Nach vier Stunden verließen wir erschöpft und enttäuscht das Haus.

Was sollte ich noch tun? Ich zweifelte, ob es richtig war, das Flugzeug nach Kalifornien fliegen zu lassen und ob mich Gott wirklich zu Donna geschickt hatte. Warum geschah jetzt nichts! Warum hörte er meine und unsere Gebete nicht?

Am Abend rief ich den lutherischen Pastor Fullilove an und bat ihn, am nächsten Tag mit zu Donna zu kommen. Pastor Fullilove war ein großer, schlanker Mann mit so warmherzigen Augen, dass viele meinten, Fullilove wäre ein Spitzname. Doch der freundliche Mann hieß tatsächlich so. Er versprach, mich zu begleiten.

Als wir in Donnas Zimmer kamen, bot sich dasselbe Bild wie an den beiden Tagen zuvor. Abwesend starrte Donna vor sich hin. Unfähig zu sprechen kauerte sie in ihrem Nachthemd auf dem Bett. Mir wollte der Mut sinken. Aber Pastor Fullilove kniete sich vor ihr Bett, betete zu Gott und befahl den Mächten, die über Donna herrschten, sie freizugeben. „Was belastet dich?“, fragte ich Donna, ohne ernsthaft mit einer Antwort zu rechnen. „Lügen“, sagte sie zögerlich. Wir beteten gegen diese Macht. Nichts geschah. Es hatte den Anschein, als ob Gott unser Rufen in diesem dunklen Raum nicht hörte. Niedergeschlagen und enttäuscht verließ ich nach drei Tagen erfolglosen Betens mit Pastor Fullilove die Wohnung.

Gerade als der Fahrstuhl mit einem kurzen Klingeln auf der Etage angekommen war, ging die Wohnungstür hinter uns noch einmal auf. Darye war sichtlich aufgeregt: „Kommt zurück, etwas ist passiert."

Schnell gingen wir in die Wohnung. Donna saß noch immer unbeweglich auf ihrem Bett, aber ihr Blick war klarer.

„Donna", sagte ich zu ihr und sah ihr in die Augen, „zieh dich jetzt an. Wir gehen hinunter." Tatsächlich tat Donna, was ich ihr gesagt hatte. Sie tauschte ihr Nachthemd gegen Hose und Pullover und als wäre es das Selbstverständlichste auf der Welt, bestiegen wir gemeinsam den wartenden Lift.

Unten angekommen lief uns Donnas Vater entgegen. Verwundert sah er uns an. Es war zwei Jahre her, dass er seine Tochter zuletzt in Hose und Pullover gesehen hatte. Er kannte ihr Gesicht nur im fahlen Licht hinter zugezogenen Gardinen, und jetzt blinzelte sie in die Sonne. Fragen standen ihm ins Gesicht geschrieben. Er musste nicht lange auf Antwort warten. Unvermittelt brach es aus Donna heraus: „Gott hat mich geheilt, Vater." Die beiden fielen sich um den Hals.

Zwei Tage später bestätigte ein Arzt Donnas eigene Diagnose. Es war derselbe Arzt, der ihr zwei Wochen zuvor die Schocktherapie als letzte Möglichkeit verordnet hatte.

Aus Dankbarkeit öffnete Donna ihre Wohnung für viele Alkohol- und Drogenkranke. In Gemeinden und im Radio berichtete sie von ihrer Heilung und ermutigte dadurch viele Menschen.

Im Rückspiegel

Kalifornien, 1972

„Bis später, Sabine!“, rief Kate. Die Tür des gelben Pickup fiel ins Schloss und ich holperte langsam den Feldweg entlang. Durchs offene Fenster winkte ich ihr zum Abschied.

Eine fünfhundert Meter lange, unebene Schotterpiste führte an großen Redwood-Bäumen entlang bis zu einer geteerten Straße. Zwei Mal fuhr ich diese Strecke jede Woche, um einzukaufen. Sachen, die wir auf dem Land nicht selbst anbauen oder herstellen konnten, aber zum Leben brauchten, besorgte ich in Fort Bragg. Obwohl mir auf dem Land nichts fehlte und ich mich dort wirklich wohlfühlte, mochte ich auch diese Abwechslung. Doch ich fuhr nicht nur wegen der Lebensmittel in die Stadt.

Unsere Hütten und Häuser auf dem Land sollten einladend und freundlich aussehen, und Gottes Liebe widerspiegeln. Ich hatte die Idee, ein paar von ihnen im englischen Cottage-Stil einzurichten. Dafür brauchten wir spezielle Möbel, die wir wegen der Preise in normalen Läden nicht kaufen konnten. In Secondhandläden und sogenannten Garagensales suchte ich nach passenden Schränken, Stühlen, Kissen und Decken. Diese Sachen preiswert aufzustöbern, wurde fast zu einem Hobby von mir. Nach mehreren Stunden kam ich meist mit einem Auto bis unters Dach vollgestopft mit nützlichen und schönen Dingen wieder zurück.

An diesem Tag hatte Kate mir zuletzt noch zehn Dollar zugesteckt. Schon lange wünschte sie sich das Buch *Das Kreuz und die Messerhelden* von David Wilkerson. Endlich hatte sie das Geld zusammen und bat mich, ihr das Buch mitzubringen.

Vergnügt ließ ich die Schotterpiste hinter mir und bog auf die Straße ein, die zum Highway 1 führte. Die Landschaft war weitläufig und hügelig, sie wirkte freundlich. Trotz eines penetranten Klapperns im Motorraum, von dem keiner auf dem Land wusste, woher es kam, geschweige denn, wie man es hätte beseitigen können, machte mir das Fahren mit unserem alten Chevrolet-Lieferwagen Spaß. Die Küstenstraße gab mir irgendwie immer ein Gefühl der Freiheit.

Von einer Kuppe aus sah ich schon das graue Band der Schnellstraße, das die Landschaft von Norden nach Süden durchzog. Autos huschten darauf entlang. Die Lücken zwischen den im Sonnenlicht glänzenden Wagen waren groß und ich ordnete mich bequem in den Verkehr ein. Als ich den Wagen beschleunigte, fiel mir ein auf der gegenüberliegenden Fahrbahn parkendes Polizeiauto auf.

Unwillkürlich sah ich in den Rückspiegel und bemerkte, dass der Fahrer gewendet hatte und jetzt auf meiner Spur fuhr. Ich guckte auf den Tacho. Die Nadel tänzelte mit leichtem Zittern um den Strich bei siebzig. Ich fuhr fünf Meilen weniger als die erlaubten fünfundsiebzig pro Stunde. Der dunkelblaue Polizeiwagen näherte sich und fuhr hinter mir her.

Da erinnerte ich mich an das Stoppschild. An der Auffahrt zum Highway stand es seit Jahren und war vom Staub der Straße schon ein wenig grau geworden. Ich hatte es glatt überfahren, nicht bewusst, nein, viel schlimmer, aus Gewohnheit. Ich konnte mich nicht erinnern, dort bei flüssigem Verkehr jemals gestoppt zu haben. Ich hatte hier aber auch noch nie eine Kontrolle erlebt. Mir wurde heiß. Unwillkürlich fuhr ich ein wenig langsamer. Der Polizeiwagen überholte nicht. Ich trat wieder stärker aufs Gas, um keinen Verdacht zu erregen.

Immer wieder sah ich in den Rückspiegel. Der dunkle Wagen blieb hinter meinem. Ob der Fahrer erkennen konnte, dass ich ständig in den Spiegel schaute? Wenn er mich gleich stoppte, wären zehn Dollar Bußgeld fällig. Ich musste an *Das Kreuz und die Messerhelden* denken. Wenn ich zahlen müsste, könnte ich Kate das Buch nicht mitbringen. Oder bei meinem Einkauf würde die Milch fehlen. Wie sollte ich das den Leuten vom Land erklären? Wie sollte ich Kate beibringen, dass ich ihr Buch nicht mitgebracht hatte?

Vor vier Wochen bist du Christ geworden, sagte ich mir, und das dreizehnte Kapitel des Römerbriefs kam mir in den Sinn, in dem der Schreiber dazu auffordert, staatliche Autorität und damit verbundene Regeln anzuerkennen. Viele vom Land nahmen es mit den Gesetzen nicht so ernst, aber was würden die Nachbarn sagen, wenn sie durch einen dummen Zufall Wind von der Sache bekämen? In letzter Zeit bist du kaum davon abzuhalten, über Jesus zu reden, sagte ich mir. Wie willst du jetzt erklären, dass dir die Straßenverkehrsordnung gleichgültig ist, während du andere ermahnst, nichts Illegales zu tun?! Du wirst unglaubwürdig.

Ich sah wieder in den Rückspiegel. Der Wagen fuhr hinter mir. Ich versuchte, meine Gedanken zu ordnen. Wenn der Polizist mich anhält, sage ich einfach, dass ich ein Stück weiter hinten gehalten habe, da, wo er mich nicht sehen konnte. Danach bin ich auf den Highway aufgefahren. Durch die Büsche am Straßenrand war die Einmündung zwar nicht komplett abgeschirmt, aber vielleicht glaubte er mir.

Ich suchte nach einer unverfänglichen Formulierung, bei der ich nicht richtig lügen musste. Doch ich konnte es drehen und wenden wie ich wollte, es blieb die Unwahrheit. Während das Polizeiauto in dem kleinen Ausschnitt meines Rückspiegels hin- und herpendelte, dachte ich an die zehn Dollar.

„Das ist zu viel Geld, als dass du es aufs Spiel setzen

Viel wurde auf dem Land selbst angebaut und der Rest in der Stadt gekauft

kannst", sagte eine Stimme in mir. „Du musst deinen Kopf aus der Schlinge ziehen."

Eine andere hielt dem entgegen: „Du hast gegen die Verkehrsregeln verstoßen. Dazu musst du dich jetzt bekennen."

„Schade ums Geld, nicht?", meldete sich der erste Gedanke wieder.

Ich steckte in der Klemme. Ich wollte Gott nicht enttäuschen. Ich war so froh, dass er am Kreuz für meine Schuld gestorben war und mir die Möglichkeit eines Neuanfangs geschenkt hatte. Sollte ich ihn jetzt durch eine platte Lüge enttäuschen? Andererseits: Was würde es für einen Eindruck hinterlassen, wenn ich als Leiterin des Landes erzählen würde, dass ich es nicht für nötig gehalten hatte, die Gesetze zu achten und dafür zehn wertvolle Dollar verschwendet hatte?

Und das obwohl ich erst vor wenigen Wochen bekannt gegeben hatte, von nun an Jesus folgen zu wollen.

In meinem Kopf jagte ein Argument das andere. Pro löste Kontra ab, dicht gefolgt von der Gewissheit, dass der dunkelblaue Wagen noch hinter meinem fuhr.

Ich begann mit Gott zu handeln. „Kannst du mich dieses eine Mal noch durchkommen lassen?“, bat ich. „In Zukunft werde ich an dem Schild bestimmt immer halten.“

Etwa zehn Meilen war ich auf dem Highway gefahren. In wenigen Minuten würde ich Mendocino erreichen. Ich hatte genug von dem Hin und Her in meinem Herzen. Ich hatte auch genug von meinen Ausreden. „Sabine“, sagte ich zu mir selbst, „hör auf, dir etwas vorzumachen. Du hast an dem Schild nicht gehalten, sondern bist zügig auf den Highway aufgefahren. Dazu wirst du jetzt stehen, auch wenn dich diese Wahrheit zehn Dollar kostet. Auch wenn du Kate und die anderen ungern enttäuschst, wirst du ihnen gegenüber ebenso wenig Ausflüchte suchen wie bei dem Polizisten. Du wirst die Wahrheit sagen.“

Froh, diesen Entschluss gefasst zu haben, sah ich mutig in den Rückspiegel. Das Polizeiauto folgte mir in unverändertem Abstand. Da leuchtete plötzlich der Blinker auf. Eine Ausfahrt vor Mendocino verließ der Wagen hinter mir den Highway.

Liebe

Santa Barbara, 1965

Es hätte ein glücklicher Abend sein können. Die Sonne war eben hinter den Bergen von Santa Barbara untergegangen. Die schwirrende Hitze des Tages legte sich langsam als laue Milde über die schmucken Häuser des Viertels. Um die Schwüle aus dem Zimmer zu vertreiben, ging ich zum Fenster und öffnete es. Ich lauschte dem Zirpen der Grillen, stand da und sah über den im Dämmerlicht liegenden Garten.

An seinem hinteren Ende stand die Laube. Die fröhlichen Stimmen aber und das Lachen, das aufbrauste wie eine unverhoffte Bö, wehten vom benachbarten Grundstück herüber. In meinem Haus gab es seit drei Wochen keine Fröhlichkeit mehr.

Vor etwa einem Jahr hatte Hans den kleinen Pavillon in meinen Garten hineingezimmert. Unter seinen geschickten Händen war hinter den Beeten ein Kleinod der Geselligkeit entstanden. Kaum zwei Tage sägte, bohrte und hämmerte er, schon waren die kreisrund angeordneten Bambusstäbe stabil und kunstvoll miteinander verbunden und das Dach aus Palmenzweigen befestigt.

Nicht allein darum mochte ich Hans. Mir imponierte, dass er nicht zum blassen Durchschnitt der Krawattenträger gehörte, die oft vom Vermögen ihrer Väter lebten oder um Reichtum rangen, um das gewonnene Geld ein paar Jahre später zu vererben. Solche Leute kamen manchmal tagelang nicht aus dem Haus. Nicht so Hans. Die Ärmel des Bootsbauers waren fast immer hochgerollt. Weil er seine Boote oft im Freien zimmerte und mit Teer oder Harz einstrich, färbte ein gesunder Teint seine Haut. Hans liebte den direkten Kontakt zu seiner Umgebung. Oft war er barfuß unterwegs. Ironische oder abschätzige Äußerungen anderer beeindruckten ihn nicht.

War ihm danach, in seinem Sportwagen Marke Mustang richtig Gas zu geben, tat er es und die Reifen quietschten. Schien es ihm Verschwendung, einen herrlichen Sommernachmittag mit Arbeit zu vergeuden, ließ er das bearbeitete Boot liegen. Manchmal kam es ihm in den Sinn, mich spontan zu besuchen. Dann sprang er die Treppen meines Hauses zum ersten Stock hinauf und stand unvermittelt in der Küche.

Wir unterhielten uns oft stundenlang. Hans war einfacher Handwerker, ich die geschiedene Frau eines Multimillionärs und mit beinahe jedem Luxus vertraut. Obwohl sich unsere Lebensgeschichten so wenig glichen wie ein Wachtel- und ein Hühnerei, schienen unsere Seelen verwandt und einander nah, wie die Flügel eines Adlers. Gemeinsam schwangen wir uns zu bisher ungekannten Höhen auf.

Inzwischen war es fast ein Jahr her, dass aus leidenschaftlichen Diskussionen ergreifende Intimität geworden war. Hans hatte mich gewarnt. „Zeige mir nie, dass du mich liebst", hatte er gesagt. „Wenn ich nicht mehr um dich kämpfen muss, verliere ich dich." Aus seinen Erzählungen wusste ich, dass die Kraft seiner Liebe, die mich faszinierte, und seine Wildheit, die mich reizte, nur bestehen würden, solange er sich meiner nicht sicher war. Hans musste kämpfen um zu brennen. Einmal zur Ruhe gekommen, würde die Quelle seiner Leidenschaft versiegen.

Ich wusste, dass er recht behalten musste, aber die Leere, die ich seit der Entfremdung von Cliff spürte, war zu groß, als dass ich auf die Ablenkung in seinem Arm und während seiner Liebkosung verzichten wollte.

Ein Traum hatte mich nach Amerika gebracht. Ich wollte einen Mann finden, den ich lieben könnte. Ich wollte ihm den Rücken stärken. Er sollte für Wohl und Ansehen der Familie sorgen. Ich hatte Cliff kennengelernt und mich in ihn verliebt. Als er um meine Hand anhielt, erfüllte sich meine Hoffnung. Nach der Hochzeit kümmerte ich mich bald um unsere Kinder und darum, dass unser Haus eine wohnliche Heimat war. Und Cliff verdiente reichlich Geld.

Anfangs waren wir glücklich. Wenn Cliff abends nach Hause kam und zwei oder drei Martini getrunken hatte, war er von einem professionellen Komödianten kaum zu überbieten. Je länger wir Tisch und Bett teilten, desto weniger wollte ich mich jedoch mit Cliffs Rolle als Entertainer zufriedengeben. Ich wollte einen Mann, an den ich mich anlehnen könnte. Cliff war anders gebaut. Sein Architekt hatte ihn sich als reich verzierte Jugendstilvilla mit vielen prunkvollen Räumen gedacht. Ich hingegen wünschte ihn mir als stabile Blockhütte in einer umwerfenden Landschaft. Nicht ohne Charme und ein Schutz bei Wind und Wetter. Ich glaube, schon vor unserer Hochzeit begann ich an Cliff herumzuwerkeln und ihn umzubauen. Ich versuchte es zumindest.

Der Mechanismus, der unsere Ehe zum Einsturz brachte, war denkbar einfach: Ich erwartete etwas von Cliff, das er nicht leisten konnte. Um meiner Unzufriedenheit zu entkommen, trank er nach dem dritten Martini weiter. Ich machte ihm deswegen Vorhaltungen und füllte damit unbewusst sein nächstes Glas. Je mehr er trank, umso stärker verachtete ich ihn, sah ich auf ihn herab. Es verschaffte mir sogar eine gewisse Genugtuung, im Vergleich besser abzuschneiden. Doch von der Erfüllung meiner Sehnsucht, in seinen Armen Halt zu finden, entfernte ich mich mit jeder dornenfeinen Stichelei. Nach zehn Jahren war unsere Ehe zerstört.

Als geschiedene Frau war ich allein. Meine Sehnsucht nach Geborgenheit aber war noch immer da und mit ihr die Faszination für Männer. Heiraten wollte ich nicht noch einmal. Das wusste ich. Dann hätte ich den Unterhalt verloren, den Cliff regelmäßig auf mein Konto überwies. Auch von diesem Geld hatte ich das Haus auf der Chiquita Road gekauft und einen kleinen Kredit musste ich noch abbezahlen. Nein, heiraten würde ich nicht so bald.

Aber mich amüsieren, warum nicht? Ich werde Verehrer haben, dachte ich. Ich werde mir Drinks und mehr spendieren lassen und Abenteuern nicht aus dem Weg gehen.

Und das Interesse der Männer war da. Ich genoss die Nähe, das Gefühl geachtet zu sein, den glücklichen Taumel. Wenn ich in der Nacht oder am Morgen nach Hause kam, entließ ich den Babysitter und war wieder mit meinen Söhnen allein.

Nach dem Ende einer weiteren Beziehung fragte ich mich, ob diese kurz- und mittelfristigen Bekanntschaften tatsächlich die Sehnsucht meines Herzens befriedigten. Suchte meine Seele statt Liebschaft nicht Liebe? Wollte sie nicht viel mehr beständige Heimat statt immer neuer Highgefühle?

Dann lernte ich Hans kennen. Seine blonden, lockigen Haare, die ein fein geschnittenes Gesicht rahmten, und sein Körper, der Kraft und Sicherheit ausstrahlte, machten meine neuen Vorsätze zunichte. In der Laube waren wir uns nahegekommen.

Der Tag, an dem er mich wegen einer anderen Frau verließ, versank für mich im Schmerz. Ich wollte nicht glauben, was er mir geschrieben hatte. Was hätte ich gegeben, die Zeit zurückstellen zu können.

Es hätte ein glücklicher Abend sein können. Die Sonne war über den Bergen von Santa Barbara nicht mehr zu sehen. Eine sanfte Milde lag über den schmucken Häusern des Viertels. Aus der kleinen Laube am Ende des Gartens drang ein leises Schluchzen zu mir herauf. Einige Augenblicke verstummte es, dann hörte ich ihn wieder in seinem Unglück. Wie gestern und auch schon vorgestern war Hans an den Ort gekommen, wo wir unser Glück geteilt und ins Unermessliche gesteigert hatten. Jetzt saß er allein dort.

Ich stellte mir sein Gesicht vor. Die Züge vom Schmerz entstellt, die Augen ohne Glanz und rot von vielen Tränen, wie meine.

Nach drei Tagen endlich erwachte ich. Um nicht im Kummer zu verkommen, entwarf und nähte ich verschiedene Kleider, die ich später verkaufte. Sie wurden meine neue Liebe. Damals ahnte ich nicht, dass meine Wunde erst neun Jahre später wirklich heilen sollte. Und ich ahnte ebenso wenig, dass es das wärmende Licht der Liebe Gottes sein würde, das aus mir einen neuen Menschen machte.

Nachwort

Als ich vierzig Jahre alt war, dachte ich, ich müsste mitmachen, was ich bei Freunden und Bekannten sah. Um auf Empfangsbällen, Wohltätigkeitsveranstaltungen, Cocktailpartys, Opernbällen und Konzerten der New Yorker Philharmoniker passend gekleidet zu sein, wechselte ich oft mehrmals täglich meine Garderobe. Ich erlebte viel und war ständig in Bewegung. Wenn ein gesellschaftliches Ereignis das nächste jagte, fiel es mir manchmal schwer, mich zu erinnern, was ich am Vortag unternommen hatte. Ich wollte up to date sein – und das hieß: zu leben wie die Leute um mich her. Mit der Zeit wurde das sehr anstrengend.

Inzwischen bin ich über dreiundachtzig Jahre alt. Ich lebe in einer Welt, in der die Menschen mit Konsum und technischen Neuerungen derart überladen werden, dass sie permanent gehetzt sind. Viele sind mit der Wahl ihrer Kleidung, der nächsten Generation Digitalkamera oder ihrem Mobiltelefon so beschäftigt, dass für das Wichtigste im Leben – für Beziehungen – kaum Zeit bleibt. Sie investieren so viel in Nebensächlichkeiten, dass kein Raum für Wesentliches bleibt.

Wenn sich unser Denken und Handeln um Nichtiges dreht und wir unsere Energie für Belanglosigkeiten vergeuden, ist es kaum verwunderlich, dass wir Probleme bekommen. Beziehungen bröckeln. Ehen brechen. Man lebt zusammen, solange man sich liebt. Sobald der erste Streit die Schmetterlinge aus dem Bauch vertreibt und darauf der nächste Zwist folgt, gehen Menschen auseinander. Das sei wenigstens ehrlich, sagt man dann.

Nachdem ich mich von meinem Mann getrennt hatte,

suchte ich neu nach Liebe, Anerkennung und Geborgenheit. Da ich eine attraktive Frau war, zog mein Äußeres viele Männer an, und ich verwechselte Leidenschaft mit Liebe. Ich lernte einen Mann kennen, der mich faszinierte. Er war so ehrlich, so stark und leidenschaftlich. Mein Verstand warnte mich vor ihm. Aber ich gab den Gefühlen nach. Als er mich erobert und geliebt hatte, erlosch sein Interesse. Schmerzlich wurde mir bewusst, dass ich nur eine Etappe auf seinem Weg zu immer neuen Abenteuern war. Ich war verletzt und enttäuscht – nicht zuletzt von mir selbst.

Warum habe ich mich immer wieder in solch schmerzhafte Situationen gebracht? Wiederholte sich da ein in meinem Charakter begründetes Muster? War ich überhaupt zu Beziehungen fähig? Ich fand keine Antwort. Unglücklich über mich selbst, verbarg ich mein zerbrochenes Herz in schillernden Hüllen. Meine Kleidung war exquisit, mein Make-up perfekt. Ich war wie eine lebendige Matroschkapuppe: Umgeben von vielen interessanten und farbenprächtig gestalteten Schalen, verbarg sich ganz im Inneren mein Ich – ein kleines, verletzliches Wesen. All die Hüllen schirmten die kleine Puppe ab. Niemand sollte sie sehen. Ich zeigte nur die äußeren Schichten. Wer mich sah, sah eine schöne Frau. Wer mit mir redete, hatte interessante Gespräche. Wer nach meinem Leben fragte, hörte tolle Geschichten. Meine Hüllen waren perfekt. Nur die kleinste der Puppen saß einsam im Dunkeln und weinte.

Manchmal hatte ich Lust, alle Hüllen wegzuwerfen, aufzuhören mit dem Schauspiel. Doch dann merkte ich, dass ich sie brauchte. Sie schützten mich, weil sie zu der Welt passten, in der ich lebte. Ich brauchte sie, um akzeptiert zu werden. Mehr noch: Für manche Menschen wurde ich umso attraktiver, je mehr Hüllen ich um mein „Ich“ baute. Ich selbst fühlte mich dabei immer weniger wohl und mit jeder neuen Schale wuchs die Distanz zu mir selbst.

Sabine 2008

Schließlich hielt ich es nicht mehr aus. Ich hatte genug von Schauspiel und Lüge. Ich wollte die Wahrheit finden. Ich ahnte, dass es ein weiter Weg sein würde. Wie gut, dass Gott Geduld mit mir hatte und auf mich wartete. Erst als ich sechsundvierzig Jahre alt war, fand ich ihn.

An dem Tag, an dem ich mich entschloss, Gottes Existenz zu akzeptieren, sprach ich ein Gebet: „Jesus, gütiger Gott, wenn es wirklich stimmt, dass du mein himmlischer Vater bist, dass du das Leben und die Wahrheit für uns Menschen bist, dann will ich deine Gebote konsequent und unter allen Umständen einhalten. Sie sind zwar das absolute Gegenteil von dem, was ich bisher in der Welt gesehen habe, aber ich will dir vertrauen."

Je mehr ich mich in der folgenden Zeit mit Gott und der Bibel beschäftigte, umso klarer sah ich, dass Gott einen Menschen nicht segnen kann, der gegen seine Gebote handelt. Behutsam half er mir, eine falsche Schale nach der anderen zu entfernen.

Eine von ihnen hieß beispielsweise „Stolz“: Während meiner Zeit in der High Society Amerikas hatte ich mir angewöhnt, auf andere Leute herabzuschauen. Das mussten nicht zwangsläufig Menschen sein, die weniger Pracht zur Schau stellen konnten als ich. Ich kritisierte die Unzulänglichkeiten anderer und war blind für meine eigenen Fehler. Es war einfach angenehm, das eigene Ich in den Mittelpunkt zu rücken, indem ich schlecht über andere urteilte und redete. Für meinen Selbstwert war es Balsam, im Vergleich besser abzuschneiden. Dass das Ganze höchst lächerlich war, weil ich als Einzige in der Jury saß und die Bewertung vornahm, bemerkte ich nicht.

Nachdem ich Gott begegnet war, verschwand mein Hochmut nicht etwa von einem Tag auf den anderen. Jetzt konkurrierte ich nicht mehr unmittelbar mit den Frauen anderer Millionäre, aber ich merkte, wie ich sie dennoch beurteilte.

Es war etwa ein Jahr nach meiner Entscheidung für ein bewusstes Leben mit Gott: Sabines Land war längst in The Lord’s Land umbenannt, Bibelverse schmückten die Hütten und manchen Baum. Wir lebten einfach und erzählten den Hippies von Jesus. Ich fuhr auf eine große christliche Konferenz in Houston, Texas. Als ich den Saal betrat, sah ich einige wohlhabende Frauen, die offensichtlich teure elegante Schuhe und Hüte trugen.

Seit meiner Hinwendung zu Gott hatte ich mit Luxus nichts mehr zu tun gehabt. Ich lief zu Hause barfuß übers Land, pflanzte, goss und erntete Gemüse. Das können doch keine Christen sein, dachte ich unwillkürlich beim Anblick dieser Pracht. Erst im Nachhinein wurde mir klar, wie ich mich in meiner einfachen und bescheidenen Kleidung über sie erhoben und mich für etwas Besseres gehalten hatte.

Gott brauchte viel Geduld mit mir. Manchmal kam ich mir vor wie eine alte, verrostete Schraube, die in ihrer Denkweise stecken geblieben war und sich nicht mehr bewegen ließ. Das Öl des Heiligen Geistes machte mich langsam wieder gängig. Das war nicht immer einfach. Gottes Korrekturen für mein Leben waren wirklich herausfordernd. Doch ich hatte es satt, ständig Umwege zu gehen, und so wurde ich gehorsam.

Stück für Stück lernte ich, die Stimme Gottes zu hören – welche Güte, Liebe und Geduld er mit mir hat. Er ist so gut und verachtet kein demütiges Herz. Weil ich ihn liebe, ist es nicht schwer, ihm zu folgen.

In meinem Leben hat sich seither viel verändert. Durch Gottes Kraft kann ich jeden Menschen, der mir begegnet, annehmen, wie er ist, und ihn lieben. Egal ob jung oder alt, ob arm oder reich, ich liebe ihn mit Gottes Liebe. Seine Not wird mir wichtiger als ich mir selbst. Es ist mir ein Bedürfnis geworden, die Gaben, die Gott mir anvertraut hat, nicht für mich zu behalten, sondern an andere Menschen weiterzugeben und ihnen zu dienen.

Es ist schon erstaunlich: Erst stand ich im Zentrum meiner Aufmerksamkeit. Meine Anerkennung, meine Wünsche und Bedürfnisse hatten oberste Priorität. Während ich um die Erfüllung meiner Sehnsüchte kämpfte, war ich nie ganz zufrieden. Dann begegnete ich Gott und er lehrte mich, ihm zu gehorchen. Gott nahm mir das Ego aus den Händen und machte sie frei, anderen Menschen zu dienen. Der Weg dahin war nicht immer leicht, aber jetzt bin ich erfüllter als jemals zuvor.

Gottes Angebot an uns Menschen ist so einfach. Er spricht zu jedem Herzen: „Liebe mich, dann bist auch du fähig, andere Menschen vollkommen zu lieben und in Frieden mit ihnen zu leben." Doch was ist die Antwort der Leute um mich her? Sie verbannen Gott aus dieser Welt und ihren Herzen.

Sie verkehren seine Gedanken ins Gegenteil und sind kaum noch fähig, in versöhnten Beziehungen zu leben. Streit und Hass, Mord, ja sogar Kriege sind die Folge und werden am Ende zum Argument gegen den gütigen Gott. Es ist Zeit, die Welt von dieser Lüge zu befreien. Wir haben zu lange dabeigesessen, zugesehen und nichts dagegen gesagt und nichts getan. Zu oft haben wir die Verantwortung für das, was um uns herum geschieht, von uns gewiesen.

Als Jesus auf dieser Erde lebte, ging er zu den Armen und Schwachen, zu den Außenseitern der Gesellschaft und half ihnen ins Leben zurück – in ein Leben, wie Gott es sich für die Menschen gedacht hat. Wenn ich mich heute mit Jugendlichen in der Dresdner Neustadt unterhalte und sie mir ihre Lebens- und Familiengeschichte erzählen, verstehe ich, warum sie so weit von Gott entfernt sind. Ich sehe ihre Sehnsucht nach Geborgenheit und echter Liebe. Wie sollen sie die in einer gottfernen Welt finden, wenn niemand sie führt?

Wenn wir einen Baum pflanzen, achten wir darauf, dass er in gute Erde kommt. Wir düngen und gießen ihn, damit er gute Früchte trägt. Ist uns die Erde, in der unsere Jugend aufwächst, gleichgültig? Wohin reichen die Wurzeln der jungen Bäume und welche Nährstoffe nehmen sie auf? Was wird aus ihnen? Was wird aus der nachfolgenden Generation? Gibt es wache Menschen, die darauf achten, oder trösten wir uns mit dem Gedanken, dass der Protest nur eine Phase ist und sie sich sicher bald wieder fangen werden?

Während wir uns den Sand endloser Toleranz in die Augen streuen, füllen sich die Gefängnisse, Drogenentzugsanstalten und die psychiatrischen Kliniken mit Menschen, die unserer Gleichgültigkeit zum Opfer fallen. Und wenn dann unser Glaube und gute Ratschläge die Herzen dieser verwundeten Menschen nicht mehr erreichen, sind wir ratlos.

Wir dürfen nicht zögern. *Jetzt* ist die Zeit, die Herzen der jungen Generation zu suchen. Menschen, die in der Liebe Gottes verwurzelt sind, müssen in die Lebenswelt Jugendlicher gehen, sie verstehen, ohne ihren Lügen recht zu geben. So können junge Menschen der Liebe Gottes begegnen und der Liebe seines Sohnes, der über diese Welt weint.

„Denn Gott hat die Welt so sehr geliebt, dass er seinen einzigen Sohn hingab, damit jeder, der an ihn glaubt, nicht verloren geht, sondern ewiges Leben hat. Gott sandte seinen Sohn nicht in die Welt, um sie zu verurteilen, sondern um sie durch seinen Sohn zu retten. Wer an ihn glaubt, wird nicht verurteilt. Wer aber nicht an ihn glaubt, ist schon verurteilt und so vollzieht sich das Gericht. Das Licht ist vom Himmel in die Welt gekommen, aber sie liebten die Dunkelheit mehr als das Licht, weil ihre Taten böse waren. Sie hassten das Licht, weil sie im Dunkeln Böses tun. Sie bleiben dem Licht fern, weil sie Angst haben, dass ihre Taten aufgedeckt werden. Wer sich aber nach der Wahrheit ausrichtet, tritt ans Licht und jeder kann sehen, dass er in der Verantwortung vor Gott handelt." (Johannes 3,16-21)

Auf die mehr als achtzig Jahre meines Lebens zurückschauend kann ich sagen, dass für ein erfülltes und glückliches Leben zwei Dinge nötig sind: in Gottes Licht leben und anderen den Weg dahin zeigen. Mehr braucht es nicht.

Sabine Ball
Dresden, im Frühsommer 2009

Kurzbiografie – Sabine Ball

09.09.1925	Geburt von Sabine Koritke in Königsberg, Ostpreußen
1945	Flucht aus dem bombardierten Dresden
1949	Überfahrt nach Amerika, Anstellungen als Kindermädchen, später Ausbildung zur Hotelfachfrau
1950	Sabine managt den „Quarterdeck-Club“ und lernt den Millionär Clifford Ball kennen
1953	Heirat mit Clifford Ball, aus der Ehe gehen zwei Söhne hervor, Scheidung nach zehn Jahren
1963	Nach der Scheidung Umzug nach Santa Barbara; Sabine lernt Hans kennen
1968	Sabine kauft in Kalifornien „Das Land“, bebaut und bewohnt es mit Hippies
1971	Indienreise mit Klosteraufenthalt in Katmandu
1972	Sabine wird Christ, sie reist nach Miami, um sich bei Clifford zu entschuldigen
1974	Sabine arbeitet unter Obdachlosen in Brooklyn, New York

1975	Rückkehr aufs Land, Verkauf des Nordhangs
1976	Im „Schwesternhaus" nimmt Sabine misshandelte und missbrauchte Frauen auf
1977	Sabine begleitet für knapp drei Jahre sterbende Menschen
1980	Sabine geht für ein knappes Jahr nach Deutschland, Rückkehr nach Kalifornien
1985	Um in der Nähe ihrer Kinder zu sein, arbeitet Sabine in Miami
1993	In Dresden mietet Sabine einen ehemaligen Schnapsladen und eröffnet mit 68 Jahren das Café Stoffwechsel
1999	Der Stoffwechsel e. V. wächst, Umzug in zwei Häuser auf der Martin-Luther-Str. 29
2005	Sabine übergibt die Leitung des Stoffwechsel e. V. an ihren langjährigen Stellvertreter Ralf Knauthe. Sie selbst betreut weiterhin Gefangene, spricht vor Schulklassen und auf Konferenzen und redet mit vielen Menschen über Jesus.
07.07.2009	Sabine Ball stirbt an einem Herzinfarkt in ihrer Wohnung in der Dresdner Neustadt.

Steffen Kern

Mehr als Millionen

Sabine Ball: Millionärin – Hippie – Mutter Teresa von Dresden

208 Seiten, Taschenbuch
mit Fotos
ISBN 978-3-7655-4035-6

Sie war steinreich und bettelarm. Sie unterhielt sich mit Richard Nixon und tanzte mit dem Schah von Persien. Sie wohnte in Villen, aber auch in Baracken, Scheunen und in einem Kloster am Rande des Himalaja: Sabine Ball.

Eine tiefe Sehnsucht trieb sie um die Welt. Sie nannte Miami und Santa Barbara ihr Zuhause, Istanbul und Karatschi, San Francisco und New York – und nach langen Jahren wieder Dresden. Sie suchte das große Glück – und fand mehr als Millionen.

Sabine Ball engagiert sich seit Jahren für Straßenkinder, heimatlose Jugendliche und Punks in Dresden-Neustadt. Dort gründete sie das Projekt „Stoffwechsel e. V."

BRUNNEN VERLAG GIESSEN
www.brunnen-verlag.de

Roland Werner

Mehr wert als Millionen

Sabine Ball, das „Stoffwechsel“
und Gottes gefundene Kinder

160 Seiten, Taschenbuch
mit Fotos
ISBN 978-3-7655-4000-4

Sabine Ball erzählt in „Mehr wert als Millionen“, wie es weiterging nach ihrer „Karriere“ von der Millionärin zur Tellerwäscherin mit ihrem neuen Leben in Dresden, der Anlaufstelle für Kinder und Jugendliche „Café Stoffwechsel“ und den anderen „Kindern der Mutter Teresa von Dresden“.

BRUNNEN VERLAG GIESSEN
www.brunnen-verlag.de

Stoffwechsel e. V.

HINGEHEN – weil Du Gott wertvoll bist.

Unter diesem Motto ist das Team vom stoffwechsel seit 1993 im Einsatz für Dresdner Kinder, Jugendliche und Familien in besonderen Lebenslagen.
Gern gibt das Mitarbeiter-Team Auskunft über den stoffwechsel e.V. und die Sabine-Ball-Stiftung.
Wenden Sie sich bitte einfach an den unten aufgeführten Ansprechpartner.
Sie danken für jedes Interesse und jede Unterstützung.

stoffwechsel e. V.
www.stoffwechsel.com
info@stoffwechsel.com

Sabine-Ball-Stiftung
www.sabine-ball-stiftung.de
info@sabine-ball-stiftung.de

stoffwechsel e. V. / Sabine-Ball-Stiftung
Martin-Luther-Str. 29
D-01099 Dresden
Tel: 0351.803 35 00
Fax: 0351.803 35 01

Ansprechpartner:

Ralf Knauthe
Leiter / info@stoffwechsel.com